Schriften des deutschen Vereins für Armenpflege und Wohltätigkeit.

Hundertundzweites Heft.

Die Aufsicht über die öffentliche Armenpflege und ihre Regelung im Reichsarmengesetz.

Verlag von Duncker & Humblot.
München und Leipzig 1915.

Die

Aufsicht über die öffentliche Armenpflege

und ihre

Regelung im Reichsarmengesetz.

Berichte

erstattet von

Stadtrat Kaftan   und   **Direktor Dr. Blaum**
in Flensburg   in Straßburg i. E.

Verlag von Duncker & Humblot.
München und Leipzig 1915.

Inhaltsverzeichnis.

	Seite
Bericht, erstattet von Stadtrat Kaftan-Flensburg	1
Bericht, erstattet von Direktor Dr. Blaum-Straßburg i. E. . . .	17
Die Aufsicht über das Armenwesen in Frankreich	19
Die Regelung der Aufsicht über die öffentliche Armenpflege im Reichsarmengesetz	36
Leitsätze	64

Bericht

erstattet von

Stadtrat Raftan in Flensburg.

———

Die Stuttgarter Tagung des Vereins für Armenpflege und Wohltätigkeit im vergangenen Jahre schloß in ihrer sachlichen Erörterung damit, daß bei der endgültigen Abstimmung über die Richtlinien für ein Reichsarmengesetz zwei Fragen, die Tariffrage und die Aufsichtsfrage ausgeschieden wurden, weil die Auffassungen der Berichterstatter nicht den ungeteilten Beifall der Versammlung fanden. Beide Fragen sollten einem der nächsten Kongresse zu eingehender Beratung unterbreitet werden, und der Zentralausschuß hat diese nochmalige Beratung der Aufsichtsfrage in die Bahn gewiesen, daß noch umfassender auf die geschichtlichen Grundlagen eingegangen und namentlich auch die ausländischen Vorbilder, insbesondere England, Frankreich und Amerika berücksichtigt werden sollten.

Mit der Behandlung des Gegenstandes wurden zwei Berichterstatter betraut und ihnen überlassen, die Verteilung und Abgrenzung des Stoffes selbst vorzunehmen. Mein Herr Mitberichterstatter und ich haben uns darauf hin geeinigt, daß er die französischen Vorbilder behandeln wollte, während mir die angelsächsischen zufallen sollten.

Da ein erst im Vorjahre behandelter Stoff erörtert werden soll, will es mir richtig erscheinen, daß der Bericht des Herrn Bürgermeister Dr. Thode, Stettin, ebenso wie die über den Bericht erfolgte Diskussion als allgemein bekannt vorausgesetzt werden, damit unnötige Wiederholungen vermieden werden. Der diesjährige Bericht hätte dann da zu beginnen, wo im Vorjahre der Widerspruch einsetzte, und kann das, was als von keiner Seite angefochten gelten kann, unberührt lassen. Er baut sich somit direkt auf den Bericht des Herrn Bürgermeister Dr. Thode auf. Als allgemein anerkannt wird angesehen, daß die ungleichmäßige Ausübung der Armenpflege in den verschiedensten Gegenden Deutschlands die Notwendigkeit einer Aufsicht bedingt, und ebenso werden der heutige Zustand und seine Mängel, dem Dr. Thode einen besonderen Abschnitt gewidmet hat, nicht weiter behandelt werden. Sodann bedürfen weder der Vorschlag 5, nach dem die Amtsärzte zur Überwachung der Anstalten, die der Armenpflege dienen, herangezogen werden sollen, noch der letzte Vorschlag, nach dem den Landarmenverbänden, dem Vorbilde Hannovers entsprechend, gewisse Rechte zugesprochen werden sollen, weiterer Erörterung.

Endlich bin ich mit meinem Herrn Berichterstatter dahin einig geworden, daß ein Eingehen auf die geschichtlichen Grundlagen der Aufsicht in Deutschland sich erübrigt, da sie im allgemeinen auf eine Schilderung der Kommunalaufsicht hinauslaufen würde. Die geschichtliche Entwicklung der Kommunalaufsicht in den einzelnen Bundesstaaten zu geben, würde aber vom eigentlichen Thema zu weit abführen und doch wohl auch für die zu lösende Frage nur zweifelhaften Wert haben. Soweit es sich aber handelt um die in einzelnen Bundesstaaten bestehende Aufsicht, kann, wie das auch Dr. Thode schon tut, auf den in Heft 8 der Schriften des D. V. f. A. u. W. (1889) enthaltenen Bericht des Regierungsrats Huzel (S. 157 ff.) verwiesen werden. Da es eine geschichtliche Entwicklung für die Staatsaufsicht im Reiche nicht gibt, so fasse ich meine Aufgabe dahin auf, festzustellen, ob aus der geschichtlichen Entwicklung der angelsächsischen Vorbilder etwas für die in Deutschland zu schaffende Reichsaufsicht Zweckdienliches entnommen werden kann.

Hierzu ist zunächst notwendig, kurz auf die Staatsaufsicht in den Vereinigten Staaten von Nordamerika und England einzugehen. Das, was etwa aus der Staatsaufsicht, wie sie sich in diesen Ländern entwickelt hat und jetzt ist, auf Deutschland angewendet werden kann, sind, da es sich nur darum handeln kann, ein Gerippe zu entwerfen, lediglich die großen Richtlinien. Einzelheiten interessieren nicht. Diese zu geben, wäre ich auch nicht in der Lage, da ich mich nur stützen kann auf in deutscher Sprache erschienene Werke und Bearbeitungen.

Will man irgendwelche Einrichtungen amerikanischer Aufsichtstätigkeit auf Deutschland übertragen, dann müssen auch die gleichen oder wenigstens ähnliche Grundlagen gegeben sein. Daß das der Fall sei, will mir mehr als zweifelhaft erscheinen. Zunächst ist die Mannigfaltigkeit der Einrichtungen des Armenwesens in den Vereinigten Staaten eine so große und seine historische Entwickelung eine so verschiedenartige, daß ähnliche Unterschiede in Deutschland ausgeschlossen sein dürften. Münsterberg[1] hat mehrfach darüber einen Ausspruch von Henderson angeführt, und ich kann nichts Besseres tun als ihn wiederholen: „Dem Leser müßte eine Karte der Vereinigten Staaten vorschweben, und er sollte sich der klimatischen und geschichtlich-sozialen Unterschiede und der auffallenden Gegensätze zwischen Neu-England, dem Süden, der reichen Ebene der mittleren Staaten, den ungeheuren Prärien des Westens und den hohen Gebirgsgegenden, fruchtbaren Tälern und dem Küstenklima der Pacifik-Staaten wohl bewußt sein." Dazu kommt, zum mindesten in allen an der See belegenen Staaten, etwas, dem wir in Deutschland Ähnliches nicht an die Seite zu setzen haben: Das ist die Einwanderung[2]. Damit man sich ein Bild davon machen kann, was das bedeutet, nenne ich nur die eine Zahl: im Jahre 1905 landeten 1 026 499 Einwanderer in den Häfen der Vereinigten Staaten. Daß dieser Umstand die Armenpflege beeinflussen muß, zeigt schon die Feststellung[3], daß die Zahl der der öffentlichen Armenpflege anheimgefallenen Einwanderer mehr als dreimal so groß ist als die der Einheimischen.

Wichtiger noch aber ist, daß es eine amerikanische Gesetzgebung über das Armenwesen, also auch eine solche über die Aufsicht der öffentlichen

---

[1] Münsterberg: Amerikanisches Armenwesen. Schr. d. d. V. f. A. u. W. Heft 77, S. 20. Vgl. auch Handwörterbuch der Staatswissenschaften von Conrad, 3. Aufl., Band II, S. 132.

[2] Handwörterbuch der Staatswissenschaften von Conrad. S. 26.

[3] Münsterberg a. a. O. S. 12.

Armenpflege überhaupt nicht gibt. Ist es doch bezeichnend, daß man im Jahre 1898 auf einem Kongreß in New York sich erst mit der Frage einer einheitlichen Niederlassungsgesetzgebung, einem Analogon zu unserem Unterstützungswohnsitzgesetz, befaßte. Das amerikanische Armenwesen trägt daher keinen einheitlichen Charakter. Die Bundesregierung ist für eine allgemeine Gesetzgebung nicht zuständig, sondern nur für den einen Distrikt Columbia, für die nicht als Staaten organisierten Territorien und die neu erworbenen Kolonien. Der Distrikt Columbia bedeutet aber eigentlich nur die Stadt Washington. Außerdem ist der Kongreß nur in Zeiten großer allgemeiner Not tätig geworden, und es werden sonst nur noch durch ein statistisches Amt des Bundes Nachrichten über die öffentliche Armenpflege und die Privatwohltätigkeit in allen Staaten gesammelt und zusammengestellt. Im übrigen sind die 45 nordamerikanischen Staaten in der Regelung ihrer Armenpflege durchaus selbständig. Man könnte daher, abgesehen von der selbstverständlichen Forderung einer Statistik für das Reich, für die Regelung der Aufsicht in Deutschland nur Einrichtungen übernehmen, wie sie in dem einen oder dem anderen der verschiedenen Staaten oder auch in mehreren gleichartig sich finden. Kein Vorbild können die Vereinigten Staaten also jedenfalls dafür sein, wie eine Aufsicht geschaffen werden soll einheitlich für eine Mehrheit von Staatsgebilden, die bis dahin ihre besondere materielle Armengesetzgebung gehabt haben. Macht doch gerade die Ungleichheit der staatlichen Armengesetzgebung im Verhältnis der Bundesstaaten zueinander erhebliche Schwierigkeiten[1].

In einem gewissen Wechselverhältnis zueinander stehen, auch wieder im Gegensatz zu deutschen Verhältnissen, die private Wohltätigkeit und die Art, wie in den Vereinigten Staaten die öffentliche Armenpflege geübt wird. Die Privatwohltätigkeit ist in Nordamerika außerordentlich stark entwickelt, viel mehr wie in Deutschland, und auch noch mehr wie in England[2]. Spricht man doch von einem amerikanischen Wohltätigkeitssport, einem Auswuchs, dem aber keine allzu große Bedeutung beigelegt zu werden braucht. Die Trennung zwischen der Privatwohltätigkeit und der öffentlichen Armenpflege ist keine ganz scharfe, da der Privatwohltätigkeit auch Beihilfen aus öffentlichen Mitteln zufließen. Aber jedenfalls läßt ihre große Ausdehnung es überhaupt erst als möglich erscheinen, daß die amerikanischen Großstädte offene Armenpflege fast überhaupt nicht treiben, ja daß die Gesetze zum Teil die offene Armenpflege für Fälle dauernder Unterstützung und für arbeitsfähige Personen völlig ausschließen. Mit ein Grund dafür ist, daß es in Amerika an freiwilligen Helfern fehlt, und daß man deshalb die bei uns in der Regel durch Armenpfleger erfolgende Prüfung des Einzelfalles dadurch ersetzen will, daß man die Unterstützung in einer solchen Form gibt, daß sie tatsächlich nur denen zufließt, die ihrer wirklich bedürfen. Das sind wieder

---

[1] Münsterberg: Das ausländische Armenwesen. Schriften d. b. V. f. A. u. W. Heft 52, S. 133.

[2] Münsterberg a. a. O. S. 123, 136, 164; Heft 35, S. 47; Heft 77, S. 4, 24.

von den deutschen so abweichende Verhältnisse, daß sie nicht gerade dazu ermutigen, amerikanische Einrichtungen auf Deutschland zu übertragen. Noch mehr dürfte das aber zutreffen auf den Hauptgrund, der zur Schaffung von Staatsaufsicht in Amerika geführt hat: Der Einfluß politischer Strömungen in der Verwaltung[1]. Es kämpfen da zwei Systeme miteinander, das sogenannte Spoil-System und das Merit-System. Nach dem ersteren gehören die Ämter den politischen Siegern, und die herrschende Partei ist berechtigt, sie ihren Anhängern als gute Beute zu überlassen, mögen sie sich für das Amt eignen oder nicht. Nach dem letzteren sollen objektive Merkmale entscheidend sein für die Besetzung wie Alter, Gesundheitszustand und nachgewiesene Fähigkeiten und Leistungen. Wir nennen das Spoil-System Korruption und können mit Genugtuung feststellen, daß solche Gründe in Deutschland für die Einführung der Staatsaufsicht nicht ins Feld geführt werden können. Diese Zustände, die in verschiedenen Staaten dem Merit-System gewichen sind, haben natürlich auch manche Folgeerscheinungen. Aus ihnen erklärt sich zum Teil, daß die offene Armenpflege ganz der Privatwohltätigkeit überlassen ist und daß gerade die besseren ehrenamtlichen Elemente mit der öffentlichen Armenpflege nichts zu tun haben wollen.

Das kurz skizzierte Bild über die amerikanischen Aufsichtsverhältnisse würde nicht vollständig sein, wenn nicht über die Aufsicht in den Einzelstaaten selbst noch etwas gesagt würde. Die erste Aufsichtsbehörde, State-Board, wurde 1863 in Massachusetts gebildet, ihr folgten andere, und im Jahre 1905 gab es sie in 28 Staaten. Die Aufgaben der Boards sind ganz verschieden. Daß, da jeder Staat befugt ist, das, was er an Aufsicht für zweckdienlich und erforderlich hält, selbständig zu ordnen[2], die Staatsaufsicht, die State Supervision, ganz verschieden geregelt ist, zeigt besonders schon der Umstand, daß der Begriff Supervision ganz verschieden ausgelegt wird. Einmal versteht man darunter nur die Aufsicht über die eigenen dem Staate selbst gehörigen Anstalten, also nicht eine Aufsicht im engeren Sinne und jedenfalls eine Aufsicht, die für unsere Frage ganz ausscheidet. Bald wird unter Supervision die Aufsicht über die den Gemeinden und Landschaften gehörigen Einrichtungen und Anstalten verstanden. Dann wieder handelt es sich um Einrichtungen der Privatwohltätigkeit, die von Staat oder Stadt eine Beihilfe empfangen, und viertens um solche, die keine derartige Beihilfe erhalten, wennschon hier gewisse Schwierigkeiten entstanden sind[3]. Und bei der so oder so geübten Aufsicht sind wieder zwei Systeme zu unterscheiden, das System of supervision, bei dem die State Boards nur beratend tätig werden, und das System of control, bei dem sie selbst unmittelbare Verwaltungsgewalt üben. Beide Systeme kommen dann auch noch in einer Mischung vor. Die Kontrollämter setzen sich aus wenigen bezahlten Beamten zusammen, während sonst Bürger ehrenamtlich tätig sind. Hie und da

---

[1] Münsterberg, Heft 52, S. 123 ff., Heft 77, S. 6, 31, 58; derselbe in d. Zeitschr. f. d. Armenwesen 1907, S. 210.
[2] Münsterberg, Heft 77, S. 59.
[3] Conrads Handwörterbuch, S. 140.

sind auch Lokalbesuchsbehörden eingerichtet worden, und zuweilen sind statt dieser Behörden Inspektoren tätig[1]. Die Berichte über den Wert dieser Einrichtungen lauten verschieden. Jedenfalls wird man nicht sagen können, daß irgendeine derselben sich als das System der Aufsicht herausgebildet hätte, das allgemein anerkannt wird und als das amerikanische bezeichnet werden könnte. Als charakteristisch für den großen Einfluß der Privatinitiative[2] mag noch erwähnt werden, daß es im Staate New York neben der eigentlichen staatlichen Aufsicht noch die private einer Vereinigung gibt, die ins Leben gerufen wurde, um die Mißstände, namentlich den Einfluß der Politik, zu beseitigen, und daß dieser zweite State Board of Charities auch die offizielle Anerkennung des Staates gefunden hat. Eine Anzahl Boards haben die Abhaltung von Konferenzen veranlaßt, an denen die höheren Beamten der Anstalten und die in der Armenpflege tätigen Personen teilnehmen und in denen allgemeine wichtige Angelegenheiten besprochen werden[3]. Daneben finden vereinzelt noch Zusammenkünfte der Beamten statt.

Überblickt man noch einmal, was nach dem Gesagten in den Vereinigten Staaten von Nordamerika an Aufsichtseinrichtungen über die öffentliche Armenpflege entstanden und vorhanden ist, dann wird man zu dem Schluß kommen müssen, daß die eigenartigen Verhältnisse in Amerika eine von der deutschen so abweichende Entwicklung gezeitigt haben, daß eine Zentralisation, wie sie durch das Reichsarmengesetz auch auf dem Gebiete der Aufsicht erstrebt wird, so wenig vorhanden ist, daß uns die Vereinigten Staaten keinen Fingerzeig dafür geben können, wie man am besten für Deutschland die Reichsaufsicht ausgestalten soll. Wo aber in den Einzelstaaten Aufsichtsämter, Lokalbesuchsbehörden eingerichtet oder Inspektoren angestellt worden sind, da ist man offenbar dem ja naheliegenden englischen Vorbild gefolgt[4], und wenn davon etwas übernommen werden soll, dann wird man sich besser an England selbst, das Urbild, halten.

Die Untersuchung, ob für die reichsrechtliche Regelung der Aufsicht über die öffentliche Armenpflege England uns als Urbild dienen kann, beschränkt sich, wie das bei der Darstellung der englischen Verhältnisse die Regel ist, auf die Einrichtungen in England und Wales und läßt Schottland sowie Irland unberücksichtigt.

England[5] wird immer wieder als das klassische Land der Staatsarmenpflege hingestellt, und es kann nicht geleugnet werden: Das einheitliche System, die straffe Organisation, die alle Einzelheiten bis zur Spitze in der Zentralarmenbehörde regelt, hat etwas Bestechendes, so daß wohl der Wunsch nach etwas Ähnlichem für Deutschland auftauchen kann. Englands Armenwesen sieht aber zurück auf eine Jahrhunderte alte Ent-

---

[1] Conrads Handwörterbuch, S. 140.
[2] Münsterberg, Heft 77, S. 69.
[3] Münsterberg, Heft 77, S. 66.
[4] Münsterberg, Heft 35, S. 45.
[5] Aschrott: Das englische Armenwesen in seiner historischen Entwicklung und seiner heutigen Gestalt. 1886.

wickelung. Wird doch noch jetzt als seine Grundlage das Gesetz der Elisabeth vom Jahre 1601 angesehen, das durch die Reformgesetzgebung von 1834 nicht geändert, sondern nur modifiziert und dann weiter entwickelt worden ist. Es ist überhaupt der englischen Gesetzgebung eigentümlich — und das sollte uns zu denken geben —, daß sie immer nur schrittweise, vorsichtig tastend, vorwärtsgegangen ist, und das gilt insbesondere auch hinsichtlich der Zentral-, der Aufsichtsinstanz, mit der allein wir uns noch weiter zu befassen haben. Im Jahre 1834 ist diese Zentralarmenbehörde, die Poor-Law-Commissioners, eingesetzt worden, zunächst nur versuchsweise auf fünf Jahre. Ihre erste Aufgabe war es, hinreichend große und leistungsfähige Armenverbände zu bilden, dann weiter eine Geschäftsordnung für die Boards of Guardians, die mit Selbstverwaltung ausgestatteten Lokalbehörden, zu erlassen und eine allgemeine Regelung für die Workhouses zu treffen, die zeitweilig in der englischen Armenverwaltung eine überragende Rolle gespielt haben. Ursprünglich hatte man gar nicht daran gedacht, diese Zentralinstanz dauernd bestehen zu lassen. Ihre eigentliche Aufgabe war, das neue Armengesetz durchzuführen und seine Durchführung zu beaufsichtigen. Sie zog aber, darüber hinausgehend, allmählich das ganze Armenwesen in den Bereich ihrer Tätigkeit und bewährte sich dabei so, daß ihre Lebensdauer mehrfach auf Zeit verlängert und im Jahre 1847 ihr Behördencharakter verliehen wurde. Erst im Jahre 1867 wurde sie zu einer ständigen Behörde erhoben. Schließlich wurde sie 1871 in ein Ministerium verwandelt, und diesem allgemein die Aufsicht über die Lokalverwaltung der Kirchspiele und einige damit verbundenen besonderen Aufgaben wie Bau-, Wege- und Gesundheitswesen übertragen. Der Name dieses Ministeriums ist Local-Government-Board. An sich eine Kollegialbehörde, führt doch der Präsident mit seinen Sekretären, von denen der eine einen Sitz im Parlament haben muß, die ganze Verwaltung unter eigener Verantwortung.

Dieses Local-Government-Board kümmert sich nicht nur um die großen wichtigen oder prinzipiellen Fragen wie das Armensteuerwesen oder Aufstellung von Grundsätzen bei der Gewährung von Unterstützungen, sei es durch Aufnahme in die Workhouses oder durch Ausübung offener Armenpflege, sondern es beschäftigt sich auch mit allen Einzelheiten der Lokalverwaltung. Es kann danach bestehende Verbände auflösen und neue gründen, auch ihre Zusammensetzung ändern und ist hierin nur dann beschränkt, wenn eine bestimmte Anzahl von Steuerzahlern widerspricht. Es kann den Boards of Guardians befehlen, besoldete Beamten anzustellen, wenn ihm dies notwendig erscheint, und hat die von ihnen gewählten Beamten zu bestätigen. Es kann die Qualifikation dieser Beamten prüfen, ihr Gehalt bestimmen, ihre Wahl annullieren, und angestellte Beamte entlassen. Die Zentralbehörde wird hierbei aber in der Regel nur auf Antrag der Lokalbehörden tätig oder hört sie wenigstens vorher. Die besoldeten Beamten werden daher zunächst von der Lokalbehörde überwacht, befinden sich aber gleichzeitig in einem gewissen Abhängigkeitsverhältnis von der Zentralbehörde, so daß sie stets bestrebt sein werden, deren Ansprüchen zu genügen. Und gerade durch diese Abgrenzung der Befugnisse hinsichtlich der Anstellung und Entlassung von besoldeten Beamten zwischen der Zentralbehörde und der Lokalinstanz ist es gelungen, die für die Interessen der Staatseinheit erforderliche Zentralisation mit der für ein kräftiges Gemeindeleben unerläßlichen Selbständigkeit der Lokalverwaltung auf das glücklichste zu verbinden[1]. Das Local-Government-Board kann auch einzelne Verbände von den von ihm erlassenen allgemeinen Vorschriften dispensieren und damit den besonderen örtlichen Verhältnissen Rechnung tragen[2]. Endlich kann es sich auch, wenn es das für erforderlich hält, um die Unterstützungen kümmern, die im einzelnen Fall gegeben werden.

Um eine solche Tätigkeit ausüben zu können, bedarf es natürlich einer umfassenden Kenntnis aller dieser Einzelheiten, und die wird vermittelt durch zwei Kategorien von Hilfsbeamten, die viel genannten Inspektoren, deren Amt im Jahre 1847 geschaffen wurde, und die Auditoren, die beide aus der Staatskasse besoldet werden. Die Kontrolle ist danach eine zweifache, eine administrative und eine finanzielle. Die finanzielle wird durch die Auditors ausgeübt. Für ihre Tätigkeit sind 37 Bezirke eingerichtet, und in diesen revidieren sie alle die vielen Bücher, Register, Formulare und Tabellen, deren Führung in der englischen Armenverwaltung vorgeschrieben ist, und zwar zweimal jährlich. Diese Kontrolle ist aber nicht nur eine rein rechnungsmäßige, sondern darüber hinaus auch eine der Gesetzmäßigkeit der Ausgaben. Die Auditoren haben die Befugnis, Beträge, die entgegen bestehenden Gesetzen oder Verordnungen verausgabt sind, zu defektieren, sie den betreffenden Beamten zur Last zu legen. Gegen ihre Entscheidung ist sowohl der Gerichtsweg zulässig, der aber kaum beschritten wird, da in diesem Verfahren nur über die Gesetzmäßigkeit entschieden wird, wie auch die Beschwerde an die Zentralbehörde, die auch Billigkeitsrücksichten walten lassen kann.

Die administrative Kontrolle liegt den Inspektoren ob, von denen wohl auch gegenwärtig noch 18 vorhanden sind. Daneben gibt es außerdem Spezialinspektorate. Die Inspektoren bilden ebenso wie die Auditoren eine Mittelinstanz zwischen den Lokalbehörden und der Zentralinstanz. Einem jeden derselben sind etwa 50 Armenverbände unterstellt. Zweimal im Jahre haben sie an den Sitzungen des Board of Guardians eines jeden Armenverbandes teilzunehmen, und zweimal jedes, in der Regel für den Armenverband errichtete, Workhous zu besichtigen. Am Schlusse jeden Jahres haben sie über das Ergebnis ihrer Wahrnehmungen einen schriftlichen Bericht zu erstatten und daneben, so oft es die Umstände erforderlich machen, auch mündlich zu berichten. Den Jahresberichten wird dadurch ein besonderes Schwergewicht verliehen, daß sie nicht ein Internum bleiben, sondern im Parlament veröffentlicht werden, so daß die Öffentlichkeit erfährt, wo die Handhabung der Armenpflege und ihre Einrichtungen getadelt werden, und wo ihnen Lob zu teil wird. Diese

---

[1] Aschrott, S. 235.
[2] Huzel, Aufsicht über die örtliche öffentliche Armenpflege in Heft 8 der Schr. d. d. V. f. A. u. W. S. 226.

Jahresberichte enthalten auch die von der Behörde erlassenen Verfügungen. Da die Inspektoren durch ihre Reisen und Inspektionen am besten unterrichtet sind, haben sie auf alle an die Zentralbehörde gerichteten Eingaben vorzuverfügen und die Entscheidungen der Zentralbehörde vorzubereiten und für diesen Zweck Erkundigungen und Spezialuntersuchungen an Ort und Stelle vorzunehmen. Sie können dazu auch Zeugen eidlich vernehmen. Der Wesensinhalt ihrer Tätigkeit besteht aber, wie sich Münsterberg[1] ausdrückt, nicht in dem, was Anweisungen ihnen vorschreiben. „Ihre Wahrnehmungen dem Ministerium, den Lokalbehörden die Wünsche und Entschließungen des Ministeriums zu übermitteln, dort energisch bei Verstößen gegen die getroffenen Anordnungen einzuschreiten, hier mit gutem Rat und nützlichen Winken Hilfe zu leisten, kurz ein ständiges und lebendiges Mittelglied zwischen der Zentralinstanz und den einzelnen Armenverwaltungen zu bilden, die von allen Seiten nach der höchsten Verwaltungsstelle hin geleiteten Erfahrungen in die Einzelverwaltungen zurückzuleiten, das ist ihre hervorragende Aufgabe." Trotz ihrer weitgehenden Befugnisse berichtet Aschrott[2], daß die Lokalbehörde in dem Inspektor mehr ihren Vertreter als ihren Aufsichtsbeamten sieht.

Außerdem finden jährlich, zum ersten Mal 1868, Distriktkonferenzen der Armenpfleger, und zwar zwölf für ganz England, statt, in die Vertreter der einzelnen Armenverbände deligiert werden. Und unter dem Vorsitz des Präsidenten der Zentralarmenbehörde, zum ersten Mal 1871, tagen Zentralkonferenzen, zu denen stets Inspektoren entsandt werden. Auch durch diese Konferenzen bleiben die Lokalarmenbehörden untereinander und mit der Zentralbehörde in engster Fühlung[3].

Die Untersuchung, was von diesen englischen Einrichtungen nach Deutschland übernommen werden kann, folgt den vier ersten von Dr. Thode gemachten Vorschlägen. Zunächst die Zentralbehörde.

Wenn bisher nur ihre Vorzüge hervorgehoben sind, so darf doch nicht verschwiegen werden, daß sie, wie auch Bürgermeister Dr. Thode hervorhebt, auch in England nicht in jeder Beziehung ungeteilten Beifall findet. Mit den englischen Verhältnissen vertraute einheimische Persönlichkeiten sind der Meinung, daß ein gewisser Bureaukratismus Platz gegriffen habe und die zentrale Regulierung zu stark geworden sei, so daß dem Wunsche Ausdruck gegeben wird, den lokalen Organen der Armenpflege freiere Hand zu lassen[4]. Die Behörde solle sich auf das beschränken, was die Oberleitung notwendig erfordere wie die Befugnis zur Inspektion der örtlichen Armenpflege und ihrer Einrichtungen, die Genehmigung von Neubauten und Anleihen zu diesem Zweck, die Finanzkontrolle usw. Das ist auch nochmals betont worden in dem Bericht der Kommission, die auf Grund des Gesetzes von 1905 über die beschäftigungslosen Arbeitsfähigen eingesetzt wurde, und über deren Bericht Münsterberg 1910 in Königsberg gesprochen hat. Danach wünscht man

---
[1] Münsterberg, Die deutsche Armengesetzgebung, S. 549.
[2] A. a. O. S. 254.
[3] Huzel, a. a. O. S. 164.
[4] Münsterberg, Heft 52. S. 75 f.

ebenfalls, daß die Zentralbehörde sich weniger um Einzelheiten kümmere, sondern mehr eine leitende, richtunggebende Behörde werde, namentlich durch stärkere Ausbildung des Armeninspektorats, eine Vermehrung der Zahl und der Befugnisse der Inspektoren [1].

Aber das sind doch nur Wünsche auf Vornahme mehr oder weniger kleiner Abänderungen an der bestehenden Einrichtung, die im übrigen nach wie vor als vorzüglich betrachtet wird, und deren segensreiche Wirkungen in der Vergangenheit und Gegenwart niemand bestreitet. Darüber aber, ob eine solche Zentralinstanz auch für Deutschland geschaffen werden soll, gehen die Ansichten sehr auseinander. Münsterberg kommt zu dem Ergebnis: „Unvermittelt durch Gesetz eine Zentralbehörde, ein Reichsarmenamt schaffen, oder das Bundesamt f. d. H. zu einem solchen umgestalten, würde daher so viel bedeuten, wie von oben her statt von unten aufbauen" [2], während Aschrott der Ansicht ist, daß die Einsetzung einer Zentralarmenbehörde in Deutschland der erste Schritt zu einer Reform des deutschen Armenwesens sein sollte [3]. Ganz so stark, wie der Gegensatz in diesen geprägten Schlußergebnissen sich darstellt, ist er vielleicht nicht [4], aber immerhin ist er da. Von wesentlichster Bedeutung ist natürlich, wie man sich die Ausgestaltung dieser Zentralinstanz denkt. Nicht gebrauchen können wir eine Zentralinstanz, der die gleichen Befugnisse zugesprochen werden wie der englischen. So kann der zu schaffenden Zentralinstanz keine Mitwirkung bei Ernennung der in der Armenpflege angestellten besoldeten Beamten und keine Disziplinargewalt über dieselben zustehen. Ausgeschlossen ist es, daß sie Bestimmung zu treffen hat über das, was in den einzelnen Anstalten zu den verschiedenen Mahlzeiten verabreicht werden soll. Aber das hindert nicht, überhaupt eine Zentralinstanz zu schaffen, und wenn früher der Einrichtung einer solchen häufiger widersprochen worden ist, so ist das teilweise wohl darauf zurückzuführen, daß diese Erwägungen noch nicht in den Gedankenkreis hineinfielen, was in ein allgemeines Reichsarmengesetz an Aufsichtsbestimmungen über die öffentliche Armenpflege aufzunehmen sei.

Am nächsten liegt es, das schon vorhandene Bundesamt für das Heimatwesen zu einer solchen Zentralbehörde auszugestalten, und so hat auch der Vorschlag Dr. Thodes im vorigen Jahr, dem Bundesamt die Gestalt eines Reichsarmenamtes zu geben, mit der Befugnis, auch außerhalb eines Streitverfahrens ernstliche Zweifelsfragen von Amts wegen durch seinen Spruch mit verbindlicher Kraft für sämtliche deutsche Armenverbände zu entscheiden, keinen Widerspruch gefunden. Eingesetzt hat dagegen der Widerspruch bei dem weiteren Vorschlag, ihm auch die sammelnde, sichtende, aufklärende und belehrende Tätigkeit der obersten sachverständigen Zentralbehörde zuzuweisen und ihm zu diesem Zweck das gesetzliche Recht zu geben, von sämtlichen deutschen Armenverbänden Be-

---

[1] Münsterberg, Schr. d. d. V. f. A. u. W. Heft 94, S. 12 u. in der Zeitschr. f. d. Armenwesen 1909, S. 228.
[2] Münsterberg, Die deutsche Armengesetzgebung, S. 560.
[3] Aschrott, Das englische Armenwesen. S. 388.
[4] Vgl. Münsterberg, Die deutsche Armengesetzgebung, S. 561.

richte in den allgemeinen Angelegenheiten ihrer Verwaltung zu erfordern. Es wurde, abgesehen davon, daß es als ein unzulängliches Mittel zur Beseitigung der bestehenden Mißstände angesehen wurde, befürchtet, daß dadurch eine außerordentliche Vermehrung des Schreibwerks herbeigeführt werden würde. Diese Befürchtung ist nicht unbegründet. Bezweifelt werden darf aber auch, daß alles, was an Berichten geliefert werden würde, wirklich brauchbar sein würde, solange die Berichte von den jetzt bestehenden Armenverbänden erstattet werden. Wer praktisch in der Armenverwaltung tätig ist, braucht nur an die Schreiben zu denken, die oft von kleinen Armenverbänden einlaufen, und an die vielen Fälle, in denen Aufklärungen über die einfachsten Fragen des Unterstützungswohnsitzgesetzes, zuweilen sogar mehrfach, gegeben werden müssen. Es kommt hinzu, daß diese Berichte doch auch das Material liefern sollen über vorhandene Mißstände. Und da erscheint es nicht sicher, daß gerade von den Armenverbänden, in denen vorhandene Mißstände abgestellt werden sollen, gegen die also doch hinterher irgendwie vorgegangen werden soll, das wirklich Wissenswerte in einwandfreier Form geboten wird. Wenn also die Armenverbände berichten sollen, dann würde sich das zurzeit auf einige Zahlenangaben beschränken müssen, die statistisch verwertet werden können. Ändern würde sich dies allerdings, sobald die zu kleinen Armenverbände durch größere leistungsfähige ersetzt sind. Aber soweit sind wir noch nicht. Solche zu schaffen wird ebenso wie in England eine der wichtigsten der vom Reichsarmenamt im Aufsichtswege zu lösenden Aufgaben sein, und so bildet das vom Schatzrat Dr. Drechler im vorigen Jahre gehaltene Referat über die Organe der öffentlichen Armenpflege insoweit eigentlich einen Teil des Themas über die Reichsaufsicht. Durch die Verminderung der Zahl der Armenverbände würde das Schreibwerk naturgemäß vermindert und dadurch, daß die größeren Verbände eine sachkundige Leitung von selbst im Gefolge haben dürften, auch das Gelieferte brauchbarer werden. Wenn daher dem Bundesamt die gedachte Befugnis beigelegt werden soll, dann würde es von ihr in vollem Umfang erst nach Herstellung dieser größeren Verbände Gebrauch machen können.

Die weiteren angefochtenen Vorschläge Dr. Thodes gehen dahin, daß es im übrigen bei der unmittelbaren Beaufsichtigung der Armenverbände durch die Landesbehörden verbleiben solle, daß besondere Aufsichtsorgane abzulehnen seien, und daß es nicht erforderlich sei, im künftigen Reichsarmengesetz für die Beaufsichtigung der Armenpflege durch die Landesbehörden besondere Richtlinien aufzustellen. Die beiden dann folgenden positiven Vorschläge, die Überwachung durch die Amtsärzte anzuordnen und die Befugung der Landarmenverbände, unter Umständen bei der staatlichen Aufsichtsbehörde auf Abstellung vorgefundener Mißstände anzutragen, die wegen ihrer Zweckmäßigkeit Beifall gefunden haben, scheinen mir nun eigentlich schon solche Richtlinien zu sein, deren Aufstellung Dr. Thode prinzipiell nicht für erforderlich hält. Man wird aber doch noch etwas weiter gehen können.

Die Selbstverwaltung will Dr. Thode vor weiterer Beeinträchtigung bewahrt wissen. Ich bin gewiß auch ein Freund der Selbstverwaltung und wünsche ihr in manchen Punkten, zunächst in Preußen, weitere Ausdehnung. Aber wie steht es jetzt? Die Aufsichtsbefugnis der Landesbehörden besteht doch, ohne daß festgelegt wäre, daß sie dieselbe nur so ausüben dürften, wie es jetzt der Fall ist. An sich stände also nichts im Wege, diese Aufsicht intensiver zu gestalten und von den Befugnissen, die Dr. Thode aufzählt, einen stärkeren Gebrauch zu machen als es geschieht, mögen da auch gewisse Schwierigkeiten zu überwinden sein. Es würde sich also doch nur darum handeln, entweder für die bessere Ausgestaltung dieser schon vorhandenen Staatsaufsicht Richtlinien aufzustellen oder Teile dieser, vielleicht hier und da unentwickelten, Staatsaufsicht aus Zweckmäßigkeitsgründen auf das Reich zu übernehmen. Ohne eine stärkere Heranziehung vorhandener Beamten oder die Anstellung neuer, wenn das erforderlich ist — und das wird vielfach erforderlich sein — und ohne eine gewisse Vermehrung des Schreibwerks läßt sich das natürlich nicht machen. Aber das ist in jedem Falle notwendig, wenn die Aufsicht intensiver gestaltet werden soll, mag es sich um Staatsaufsicht oder Reichsaufsicht handeln. Selbst wenn jedoch die Selbstverwaltung in einem gewissen Umfang eingeschränkt werden sollte, so muß man sich doch fragen, ob damit wirklich etwas geschieht, was von vornherein völlig abzuweisen ist. Es handelt sich doch um Mißstände, die anerkanntermaßen bestehen und bisher trotz der allgemeinen Kommunalaufsicht nicht haben beseitigt werden können. Wenn überall darüber geklagt wird, „daß die Unterstützung der Armen vielfach nicht dem Bedürfnisse entsprechend, sondern mit engherzigster Rücksicht auf das eigene finanzielle Interesse und mit grober Vernachlässigung fremder Interessen (aus Gleichgültigkeit oder mit der mehr oder minder offenen Tendenz der Abschiebung) erfolge, daß bei der Fürsorge für fremde Ortsarme und Landarme nach anderen Grundsätzen verfahren werde, als bei der Fürsorge für die eigenen Ortsarmen, daß einerseits die Zulassung zur Unterstützung eine laxere und die Bemessung eine reichlichere, andererseits die Kontrolle der persönlichen und Erwerbsverhältnisse eine geringere und die Anregung zur Wiedergewinnung einer selbständigen wirtschaftlichen Existenz eine minder intensive sei¹", dann hat die Selbstverwaltung eben versagt und es muß nach Mitteln gesucht werden, um diese Mißstände zu beseitigen. Allein eine Veränderung der Armenbezirke wird dazu nicht genügen. Es wird das auch um so unbedenklicher sein, wenn davon im großen und ganzen nur die betroffen werden, bei denen solche Mißstände sich gezeigt haben, das sind die Landgemeinden, die kleineren Städte und die Gutsbezirke. Die größeren Städte, von denen allgemein anerkannt wird, daß sie allen Anforderungen, die man billigerweise an sie stellen kann, gerecht werden, und daß sie in vielen Fällen noch erheblich darüber hinausgehen, wird man dabei ausnehmen können. Auch die Gleichmäßigkeit in der Behandlung der einzelnen Fälle ist in den größeren Städten durch die Einführung von Selbst-

---

[1] Huzel, Heft 8, S. 167.

kontrollen mehr oder minder gut gewährleistet [1]. Hier spielen die immer mehr zur Einführung gelangenden Ermittelungsbeamten, die die ehrenamtlichen Organe, namentlich in schwierigeren Fällen, unterstützen sollen, eine wichtige Rolle. Eine allgemeine Festsetzung, von welcher Einwohnerzahl ab eine Stadt als eine größere anzusehen ist, wird sich vielleicht nicht empfehlen. Diese Bestimmung zu treffen, wird man ruhig den Landesregierungen überlassen können. Für Preußen liegt es nahe, die Kreisangehörigkeit entscheiden zu lassen.

Wenn man für die zu treffende Neuregelung England sich als Vorbild dienen lassen will, so versteht sich doch von selbst, daß nicht blindlings alles, was sich in England bewährt hat, nach Deutschland übernommen werden kann. Man wird in dem neuen Reichsgesetz vielleicht nicht einmal das vorschreiben dürfen, was man in Anlehnung an englische Verhältnisse als das Ideal einer Aufsicht über die Armenpflege bezeichnen möchte. Sondern man wird überall an das Bestehende anzuknüpfen haben und der Zukunft überlassen müssen, ob auf dem beschrittenen Wege weitergegangen werden soll. Wenn man aus der Entwicklungsgeschichte des englischen Armenwesens etwas lernen will, dann ist es sicher das, daß vorsichtiges Tasten und langsames Ausprobieren besser ist als sich überstürzende Hast.

Die Einrichtung des Reichsarmenamts als Aufsichtsinstanz wird nicht viel Wert haben, wenn nicht, wie in England, zwischen der örtlichen Verwaltung und ihr eine engere Verbindung hergestellt wird, und es wird daher zu prüfen sein, welche der Hilfsorgane, deren sich das Local-Government-Board bedient, und in welcher Form etwa sie auch in Deutschland sich als brauchbar erweisen können. In Frage kommen die Inspektoren und die Auditoren. Auf die Auditoren, d. h. eine finanzielle Kontrolle, können wir verzichten. Sie würde voraussetzen eine Gleichmäßigkeit der Rechnungsführung, der Formulare, Register und Kontrollen, die wir nicht besitzen und die einzuführen einmal erhebliche Schwierigkeiten machen dürfte, dann aber auch zu tief in das Selbstverwaltungsrecht der Gemeinden eingreifen würde. Es werden ja auch die für die Armenpflege in Deutschland erforderlichen Mittel wohl nie in der Weise aufgebracht werden, wie das in England geschieht.

Etwas anders steht es aber mit den Inspektoren. Wenn Aschrott als besondere Aufsichtsorgane Armeninspektoren angestellt wissen will, dann will er natürlich auch nicht die englische Einrichtung so wie sie ist, einfach auf Deutschland übertragen, ja, er ist nicht einmal dafür, daß von Reichs wegen Armeninspektoren bestellt werden, und er weist, wie das auch schon Huzel getan hat, auf die Analogie der Fabrikinspektoren hin. Es leuchtet doch ohne weiteres ein, daß eine Zentralbehörde sich über die Lokalbehörden und ihre Wirksamkeit ganz anders unterrichten kann, wenn ein Bindeglied wie die englischen Armeninspektoren da ist, als wenn sie auf die Berichte der Beteiligten angewiesen ist. Objektive Feststellung

---

[1] Frhr. von Reitzenstein, Aufsicht über die örtliche öffentliche Armenpflege in Schr. d. d. V. f. A. u. W., Heft 8, S. 248 f.

der vorhandenen Zustände ist die erste Voraussetzung, um abändernd und verbessernd eingreifen zu können. Es wird aber genügen, wenn solche Inspektoren diese Kenntnis vermitteln[1]. Sie würden nicht wie in England die Befugnis zu erhalten brauchen, selbständig durch Verfügungen einzugreifen. Aber sie müßten Sitzungen beiwohnen, die Akten und Protokolle einsehen, Aufschlüsse und Nachweisungen verlangen und auch Zeugen vernehmen können. Daneben müßten sie das Recht haben, Ratschläge und Belehrungen zu erteilen.

Auch mir will es nicht zweckmäßig erscheinen, wenn man, um diese Verbindung zwischen dem Reichsarmenamt und den Ortsarmenbehörden zu erreichen, ein neues großes System von Beamten schaffen wollte, sondern es wäre vorzuziehen, an schon Bestehendes anzuknüpfen[2]. Gegen den Vorschlag, die Beaufsichtigung der Armenverbände bei den allgemeinen Kommunalaufsichtsbehörden zu belassen, spricht, abgesehen von den in Deutschland bisher gemachten Erfahrungen, doch schon der Umstand, daß in England, dem Lande der Zentralisation auf diesem Gebiet, gewichtige Stimmen sich erheben, die gegenwärtige Eingliederung der Armenaufsichtsbehörde in das Ministerium und die damit gegebene Verquickung mit anderen Aufgaben habe sich als schädlich erwiesen[3]. Es wird deswegen ja nicht notwendig sein, die allgemeine Kommunalaufsicht gleich ganz auszuschalten.

Wenn den Landarmenverbänden die von Dr. Thode vorgeschlagene allgemeine Ermächtigung gegeben wird, dann werden, wie das in Hannover z. B. geschehen ist, bestimmte Personen, Sekretäre, mit dieser Beaufsichtigung betraut werden, und diese Beamten können eine solche Stellung erhalten, daß sie als Inspektoren auch gegenüber dem Reichsarmenamt zu fungieren hätten. Sie würden nicht nur dem Landarmenverband, sondern auch dem Reichsarmenamt ihre Berichte zu erstatten haben, und dem Reichsarmenamt würde die Befugnis zuzusprechen sein, von ihnen Bericht über bestimmte Fragen und Einzelheiten zu verlangen. Und wenn das Reichsarmenamt irgendwelche allgemeinen Anordnungen getroffen hat, dann würde es ihre Aufgabe sein, deren Ausführung und Beobachtung zu überwachen. Damit wäre aber nur ein Teil des Reiches mit Inspektoren versorgt. Ein weiterer Teil würde, einstweilen wenigstens, wie schon früher erwähnt, der Inspektoren nicht bedürfen: die größeren Städte, da bei ihnen die zu bessernden Zustände im allgemeinen fehlen und die Befolgung der vom Reichsarmenamt gegebenen Anordnungen vorausgesetzt werden kann. Dafür daß die größeren Städte nicht ganz aus dem Rahmen herausfallen, wird durch einen weiter unten kommenden Vorschlag gesorgt.

Für die dann noch verbleibenden Armenverbände würden die staatlichen allgemeinen Kommunalaufsichtsbehörden zuständig bleiben können. Es würde aber im Reichsarmengesetz zu bestimmen sein, daß bei den

---

[1] Huzel, a. a. O. S. 171.
[2] Frhr. von Reitzenstein, Heft 8, S. 254.
[3] Münsterberg in der Zeitschrift für das Armenwesen, 1909, S. 261.

Kommunalaufsichtsbehörden, für den Bezirk der Landarmenverbände, Beamte besonders mit der Beaufsichtigung und Kontrolle der Ortsarmenverbände zu betrauen wären, und daß diese regelmäßig Jahresberichte an das Reichsarmenamt einzureichen hätten. Die Abgrenzung gegen die Kontrolle durch die Landarmenverbände könnte so getroffen werden, daß die Landarmenverbände der zuständigen Kommunalaufsichtsbehörde ein ständig auf dem laufenden zu haltendes Verzeichnis der von ihnen kontrollierten Ortsarmenverbände einzureichen hätten. Bei einer derartigen Regelung würde aber noch die Möglichkeit verbleiben, daß im Gebiet einzelner Landarmenverbände oder auch Bundesstaaten unberechtigte Unterschiede in der Ausübung der Armenpflege vorhanden sind. Um deren Ursache festzustellen und eventuell Abhilfe zu schaffen, würde dem Reichsarmenamt die Befugnis zuzusprechen sein, auch selbst, durch Mitglieder oder beauftragte Beamte, die erforderlichen Feststellungen zu treffen. Zur Beseitigung solcher Unterschiede erscheint aber außerdem noch die Abhaltung von Konferenzen ratsam, zwar nicht, wie in England der Armenpfleger oder ihrer Delegierten, aber aller in der Aufsicht über die öffentliche Armenpflege tätigen Beamten. Die Städte mit ihrer Selbstkontrolle müßten daran auch beteiligt sein. Das Reichsarmenamt müßte die Befugnis haben, sie an seinem Sitz zusammenzuberufen. Aber auch in den Bundesstaaten, wenigstens in den größeren, wird es sich empfehlen, daß diese Inspektoren sich von Zeit zu Zeit versammeln, um ihre Erfahrungen auszutauschen und gemeinsam interessierende Fragen zu erörtern.

Wird die Reichsaufsicht in dieser Weise geregelt, dann dürfte die von Reitzenstein und mit ihm von Dr. Thode geäußerte Befürchtung unbegründet sein, daß bei dem Widerstreit der Interessen entweder die Selbstverwaltung sich als die stärkere erweisen und die Reichsaufsicht ohne wesentliche Bedeutung und wertlos sein würde oder daß, wenn diese sich durchzusetzen die Kraft hätte, die Selbständigkeit der Armenverbände gelähmt und ihnen der Charakter lediglich ausführender Organe aufgeprägt würde. Das würde vielleicht die Folge sein, wenn man dem englischen Vorbilde ganz folgen und versuchen würde, auf jede einzelne Unterstützung einen Einfluß zu gewinnen. Wenn aber als Ziel im Auge behalten wird, Mißstände und nicht begründete Ungleichheiten zu beseitigen, dann bleibt trotz etwa notwendigen Eingreifens der Aufsichtsbehörde für die Selbstverwaltung genügender Spielraum, und es ist nicht zu besorgen, daß Lust und Liebe zur ehrenamtlichen Betätigung in der Armenpflege deswegen verschwinden werden.

Die aus den vorstehenden Ausführungen sich ergebenden Vorschläge für ein Reichsarmengesetz, in die, um alles zusammenzufassen, die nicht angefochtenen Vorschläge von Dr. Thode mit aufgenommen sind, lauten:

1. **Die Landarmenverbände werden allgemein ermächtigt, sich der Ortsarmenverbände ihres Bezirkes als ihrer Organe behufs der öffentlichen Unterstützung Hilfsbedürftiger zu bedienen.**

    Falls ein Landarmenverband von diesem Rechte Gebrauch macht, so ist er befugt, jederzeit Einsicht von den Einrichtungen und Maß-

nahmen der öffentlichen Armenpflege des Ortsarmenverbandes zu nehmen oder durch bevollmächtigte Abgesandte nehmen zu lassen und bei der staatlichen Aufsichtsbehörde auf Abstellung vorgefundener Mißstände anzutragen.
2. Hinsichtlich der größeren Städte bewendet es bei der vorhandenen Selbstkontrolle.
3. Hinsichtlich der nicht von Landarmenverbänden beaufsichtigten Landgemeinden, kleineren Städte und Gutsbezirke haben die Kommunalaufsichtsbehörden der Einzelstaaten eine besondere Kontrolle durch bestimmte Beamte einzuführen.
4. Das Bundesamt für das Heimatwesen ist zu einem Reichsarmenamt auszugestalten mit der Befugnis, auch außerhalb eines Streitverfahrens rechtliche Zweifelsfragen von Amts wegen durch seinen Spruch mit verbindlicher Kraft für sämtliche deutschen Armenverbände zu entscheiden.

Das Reichsarmenamt erhält das Recht, von den zu 1 bis 3 genannten Instanzen Berichte in den allgemeinen Angelegenheiten der Armenverwaltung zu erfordern, allgemeine Anordnungen zu erlassen und selbst durch Mitglieder oder Beauftragte Revisionen vorzunehmen.
5. Die der Armenpflege dienenden Anstalten sind durch die Amtsärzte zu überwachen.
6. Das Reichsarmenamt erhält das Recht, Vertreter der zu 1 bis 3 genannten Instanzen zu Versammlungen zu berufen, in denen praktische Fragen der Armenverwaltung erörtert werden.

Es erscheint wünschenswert, daß auch die Bundesstaaten, wenigstens die größeren, solche Versammlungen abhalten lassen.

Bericht,

erstattet von

Direktor Dr. Blaum (Straßburg i. E.).

Die Aufsicht über das Armenwesen in Frankreich.

Das System der Armenpflege in Frankreich ist, wie bekannt, nur noch zum kleinen Teil das der sogenannten freiwilligen Armenpflege. Ein großer Teil der Aufgaben, die dem Armenwesen zufallen, ist in Frankreich durch besondere Gesetze, durch Staatseinrichtungen geregelt (z. B. die Irrenfürsorge, die Fürsorge für verlassene Kinder u. a.) und es sind andere Aufgaben der Armenpflege in der Weise geordnet, daß bestimmte öffentliche oder private Organe zu Trägern der Unterstützungspflicht gemacht wurden (z. B. die Krankenpflege der Spitäler für die Ortsarmen). Die offene Armenpflege wird im wesentlichen ausgeübt durch die Armenräte (Bureaux de bienfaisance), die in jeder Gemeinde bestehen, und durch die mildtätigen, meist kirchlichen Stiftungen. Die Unterstützungspflicht der Armenräte hat ihre Grenze in der Höhe der vorhandenen Mittel. Es wird allerdings durch Unterstützungen seitens des Staates, d. h. der Departements, leistungsschwachen Armenräten unter die Arme gegriffen.

Diese Armenpflege ist infolge ihrer verschiedenen Ausgestaltung natürlich eine in ihren Grundsätzen und Leistungen recht verschiedene. Teils ist es der Staat durch die Departements, teils sind es die Gemeinden durch die Armenräte, teils sind es die kirchlichen Organe oder private Vereine in ihren Anstalten, die die Armenpflege ausüben und daher auch ihre Grundsätze bestimmen. Es bedarf keiner Begründung, daß diese daher die größten Abweichungen voneinander zeigen und daß die Gefahr naheliegt, daß mit der Armenpflege die verschiedensten Zwecke verbunden sein können, die sogar der Armenpflege selbst geradezu entgegenstehen. Daß auch die Leistungen dieser einzelnen Träger der Armenpflege, der öffentlichen wie der privaten, außerordentliche Verschiedenheiten aufweisen, ist nur zu natürlich, da ja bei den allerwenigsten eine Leistungspflicht besteht, und somit der Umfang der Leistungen sich beschränkt auf die Leistungsfähigkeit der die Armenpflege ausübenden Organe selbst.

Die Bestrebungen, die Mängel des französischen Armenpflegesystems, die sich aus ihm in der angedeuteten Weise ergeben, zu beseitigen, sind in Frankreich seit einem halben Jahrhundert immer wieder hervorgetreten. Sie haben dazu geführt, daß — anders als in Deutschland — verschiedene Zweige des Armenwesens einer gesetzlichen Regelung unterworfen und dadurch der Armenpflege einzelne Aufgaben abgenommen wurden. Die Vorzüge dieses Systems werden nicht verkannt werden können, allein es bleibt eben immer noch die fakultative offene Armenpflege der Gemeindearmenräte und die freiwillige Armenpflege der privaten und kirchlichen

Vereine und Anstalten übrig. Im Laufe der Zeit wird sich ja wohl deren Tätigkeitsfeld mehr und mehr einschränken.

In den achtziger Jahren des vorigen Jahrhunderts wurde dann zum Zwecke der Vorbereitung der letzterwähnten Reform wiederholt der Vorschlag gemacht, für die Vorberatung der Gesetze in Armensachen und zum Studium der verschiedenen Gedanken und Vorschläge, die zur Verbesserung des Armenwesens gemacht wurden, ein besonderes Kollegium einzusetzen, das neben dem Ministerium des Innern als Beirat für das Armenwesen in Tätigkeit zu treten hätte. Diese Schaffung eines obersten Armenrats wurde verbunden mit der Neuordnung des Generalinspektorats, soweit es das Armenwesen betrifft, d. h. der staatlichen Kontrolle über die öffentlichen Einrichtungen, die dem Ministerium des Innern unterstellt sind. Beide Einrichtungen zusammen ergeben eine durch den Staat in Frankreich ausgeübte Aufsicht über das gesamte Armenwesen.

Im folgenden sei zuerst die Zusammensetzung, die Aufgabe und die Tätigkeit des obersten Armenrates (Conseil supérieur de l'assistance publique) und alsdann die des Generalinspektorats (Inspection générale) geschildert.

Durch ein Dekret des Präsidenten der französischen Republik vom 14. April 1888, ergänzt durch ein solches vom 11. Mai 1888, wurde der „Conseil supérieur de l'assistance publique" eingesetzt. Vorgeschlagen wurde die Einsetzung des obersten Armenrates durch einen Bericht an den Präsidenten der Republik, den der Minister des Innern, Ch. Floquet, erstattete. (Das Dekret und der einleitende Bericht sind im Anhang auszugsweise wiedergegeben.)

Der Bericht weist daraufhin, daß die französische Revolution als Grundsatz der öffentlichen Armenpflege in bestimmten klaren Worten aufgestellt habe, daß sie eine gebieterische Aufgabe der Gesellschaft, eine heilige Schuld sei. Es sei eine Aufgabe des Staates, die Folgerungen aus diesem Grundsatz zu ziehen, und das Armenwesen nach den seit Jahren geäußerten Wünschen der gesetzgebenden Körperschaften und einzelner Versammlungen neu zu ordnen. Neben anderem schlug der Bericht vor, neben die Direktion des öffentlichen Armenwesens einen obersten Armenrat zu stellen, dessen Aufgabe es sei, die Verwaltung über alle Fragen des Unterstützungswesens und der Fürsorge zu unterrichten. Dieses Kollegium solle sich aus sachverständigen, erfahrenen Personen zusammensetzen.

Als Aufgabe des Rates bezeichnet Artikel I des Dekrets das Studium und die Prüfung aller Fragen, die ihm von dem Minister des Innern vorgelegt werden, soweit dieselben die Organisation, die Tätigkeit und den Ausbau der verschiedenen Arten und Einrichtungen des Unterstützungswesens betreffen. Mitglieder des obersten Armenrates sollten zum Teil Mitglieder kraft Amtes sein, zum Teil solche, die von dem Präsidenten der Republik ernannt wurden. Die Mitglieder kraft Amtes, 12 an Zahl, waren vor allem die Direktoren derjenigen staatlichen Zentralstellen im Ministerium, die mit dem Armenwesen und dem öffent=

lichen Gesundheitswesen in irgend einer Weise zu tun hatten und daher
durch ihre amtliche Stellung ganz besonders in Betracht kamen.

Es waren das:
Der Direktor des öffentlichen Unterstützungswesens,
„   „   der Aufsicht über die Departements und Gemeindeverwaltung,
„   „   des Strafvollzugswesens,
„   „   der Angelegenheiten für bürgerliches Recht im Justiz=
             ministerium,
der Direktor des Volksschulwesens im Unterrichtsministerium,
„   „   des Binnenhandelswesens im Handelsministerium,
der Dekan der medizinischen Fakultät in Paris,
der ständige Sekretär der medizinischen Akademie,
der Präsident des obersten Gesundheitsrates der Armee, und ebenso
     der der Marine,
der Staatsanwalt beim tribunal de la Seine,
der Vizepräsident des Aufsichtsrates der Armenverwaltung der Stadt
     Paris.

Es wurde also bei der Zusammensetzung der Mitglieder kraft
Amtes auf die verschiedensten Gebiete der öffentlichen Fürsorge und
der in das Armenwesen hineinspielenden staatlichen Tätigkeitsgebiete Rück=
sicht genommen. Bemerkenswert ist besonders die Heranziehung eines
Vertreters des Aufsichtsrates der Pariser Armenpflege; es hängt dies
aber mit der Stellung der Stadt Paris im öffentlichen Leben Frankreichs
zusammen, die ja eine ganz ungewöhnlich überragende ist.

Die übrigen Mitglieder des Rates wurden von dem Präsidenten
auf sechs Jahre ernannt. Alle drei Jahre schied die Hälfte der Mit=
glieder aus.

Den Vorsitz in dem obersten Armenrat führte der Minister des
Innern; ein Vizepräsident wurde von dem Rat selbst aus den er=
nannten Mitgliedern erwählt, ebenso ein Schriftführer.

Der Minister hat außerdem das Recht, zu den Sitzungen des Rates
auf bestimmte Zeit einzelne Personen mit beratender Stimme zu entsenden.
Es konnten dies sowohl Mitglieder des Ministeriums als auch Außen=
stehende sein, überhaupt jede Person, deren Gegenwart für die Arbeiten
des Rates sich nützlich erweisen könnte.

Der oberste Armenrat hatte jedes Jahr zu bestimmtem Zeitpunkt
zwei ordentliche Sitzungen abzuhalten, im Januar und Juni. Außer=
ordentliche Sitzungen wurden von dem Minister des Innern einberufen.
Der Rat konnte auf Ministerialerlaß hin in einzelne Sektionen für
bestimmte Tätigkeitsgebiete geteilt werden. Die erforderlichen
Beamten hatte das Ministerium des Innern zur Verfügung zu stellen.

Auf Grund dieses Dekretes wurden bei dem ersten Zusammentritt
des Rates 55 Mitglieder ernannt, zu denen die 12 Mitglieder kraft ihres
Amtes traten, zusammen 67. Die 55 ernannten Mitglieder setzten
sich aus den verschiedensten Tätigkeitsgebieten des öffentlichen Lebens
zusammen. Es befanden sich unter ihnen:
15 ausgesprochene Fachmänner des Armenwesens,

26 Parlamentarier und zwar Senatoren, Mitglieder der Deputierten=
kammer, der Generalräte und der Gemeinderäte,
13 Ärzte,
29 Beamte oder ehemalige Beamte des Staates oder der Gemeinden,
unter ihnen einige Juristen (ebenso die erwähnten 12 Mitglieder
kraft ihres Amtes).

Ferner befanden sich den Berufen nach unter den Mitgliedern Architekten, Ingenieure, Schulmänner, Kaufleute, Rentner, Strafanstalts=
vorsteher u. a.

Für die Arbeit des Rates wurden durch Ministerialerlaß vom 25. Mai 1888 4 **Sektionen** gebildet und zwar
1. für das Armenkinderwesen,
2. für die Invaliden= und Krankenfürsorge und die Spitäler,
3. für die Alters= und Unheilbarenfürsorge und die Hospize, sowie die sogenannten Etablissements nationaux,
4. für die Leihhäuser und für das Bettler= und Wanderarmenwesen.

Jeder einzelnen Sektion wurde das Recht erteilt, aus ihren Mit=
gliedern eine **ständige Kommission** zu erwählen. Der Minister des Innern konnte einzelne Fragen unter Umgehung des Plenums unmittelbar den Sektionen oder ständigen Kommissionen vorlegen.

Dieser oberste Armenrat hatte somit seiner Zusammensetzung nach alle Seiten des Armenwesens nach Möglichkeit berücksichtigt. Es war ein Kollegium, das wesentlich durch **Abgabe von Gutachten über grundsätzliche oder allgemeine Angelegenheiten des Armen=
wesens** dem Ministerium mit seinem sachverständigen Rate zur Seite stehen sollte.

Die Mitglieder wurden vom Ministerium ohne irgendwelche Vor=
schläge ernannt, wobei aber, wie schon die erste Zusammensetzung bewies, in geschickter Weise ausgesucht wurde. Ein Fehler war ohne Zweifel, daß außer den ernannten und den gewählten Mitgliedern nicht auch seitens anderer Instanzen Mitglieder in den obersten Armenrat abgesandt werden konnten. Es lag daher die Gefahr nahe, daß je nach Stellung=
nahme des Ministeriums allmählich eine einseitige Zusammensetzung des Rates durchdringen konnte. Ein weiterer Fehler war, daß der Rat nur diejenigen Fragen zu begutachten hatte, die ihm vom Minister des Innern vorgelegt wurden. Er war nicht in der Lage, aus seinem Kreise selbst Fragen aufzuwerfen und konnte auch von sich aus keinerlei Verhandlungen über Fragen des Armenwesens veranlassen, wenn das Ministerium dies nicht zulassen wollte.

Trotz dieser Mängel hat der Conseil supérieur de l'assistance publique eine ungemein fruchtbringende und segensreiche Tätigkeit entfaltet. Er hat in den von ihm herausgegebenen Veröffentlichungen (fascicules) eine große Zahl von Fragen des öffentlichen und privaten Armenwesens einer Begutachtung unterworfen, wobei ihm das Ministerium des Innern und die diesem beigegebenen Generalinspektoren das Material zur Be=
handlung der Fragen vorlegten. Die weit über 100 Hefte, die seit dem Jahre 1888 erschienen sind, geben in umfassender Weise ein Bild der

Einrichtungen des französischen Armenwesens und der zu seiner Reform gemachten Vorschläge. Aus ihnen geht ferner, soweit sie Berichte über die Sitzungen des obersten Armenrates enthalten, hervor, mit welchem sachverständigen Urteil und welcher Vielseitigkeit die Gutachten dort abgefaßt worden sind. Mag auch hie und da ein politisches Moment in die Verhandlungen hineingespielt haben: sie zeichnen sich immer durch hervorragende Sachlichkeit und außerordentliche Kenntnis der Verhältnisse des französischen Armenwesens aus. Insbesondere ist in den Beratungen des „Conseil supérieur de l'assistance publique" ein reiches Material an Grundsätzen über die Ausübung der öffentlichen Armenpflege in Frankreich vorhanden, sodaß schon diese Gutachten eine Richtschnur dafür abgeben können, wie in Frankreich die öffentliche Armenpflege nach der Auffassung des obersten Armenrates gehandhabt werden soll.

Im Jahre 1894 wurde durch ein weiteres Dekret des Präsidenten der Republik vom 15. Januar 1894 die **Zusammensetzung des Rates** etwas geändert. Während seine Organisation die gleiche blieb, wurde die Zahl der Mitglieder kraft Amtes auf 14, die der ernannten Mitglieder auf 46 festgesetzt.

Es wurde, der geänderten Verwaltungsorganisation des Ministeriums entsprechend, unter Fortlassung verschiedener Mitglieder kraft Amtes nunmehr der Rat aus folgenden **Mitgliedern kraft Amtes** zusammensetzt:

Dem Direktor des öffentlichen Armen= und Gesundheitswesens,
" " der Aufsicht über die Departements und Gemeindeverwaltung,
" " der Strafanstaltsverwaltung,
" " des Gesundheitswesens im Kriegsministerium,
" " " " " Marineministerium,
" " der Armenverwaltung der Stadt Paris,
" " des Leihhauses der Stadt Paris, sowie
dem Vorsitzenden des staatlichen Gesundheitsrates und
dem ständigen Sekretär der medizinischen Akademie.

Zu diesen neuen Mitgliedern traten die **fünf General=Inspektoren** des öffentlichen Armenwesens (s. u.).

Die auf 46 festgesetzte Zahl der ernannten Mitglieder wurde dahin näher gegliedert, daß unter ihnen sechs Mitglieder des Senats, zwölf Mitglieder der Deputiertenkammer und 28 Personen sich befinden sollten, die zu der Mitgliedschaft in den obersten Armenrat, sei es infolge ihrer amtlichen Stellung oder eines Ehrenamtes, das sie innehatten, sei es infolge ihrer besonderen Sachkenntnis berufen werden.

Die **Mandatszeit** wurde gleichzeitig auf vier Jahre herabgesetzt und bestimmt, daß die Mitglieder des Parlaments nur für die Dauer ihres Parlamentsmandats Mitglieder des obersten Armenrates sein könnten. Ebenso wurde ausdrücklich festgesetzt, daß die übrigen 28 ernannten Mitglieder ihr Mandat verlieren, wenn sie das Amt, um dessentwillen sie in den obersten Armenrat gewählt wurden, nicht mehr ausüben. Auch wurde die Ordnungsbestimmung geschaffen, daß dreimaliges Fehlen ohne Entschuldigung den Verlust des Mandats nach sich ziehe. Die Wahl des

Vorsitzenden des Armenrates wurde ferner dem Rat selbst überlassen, während der Minister des Innern Ehrenpräsident des Rates wurde und den Schriftführer zu ernennen hatte.

Durch diese Neuordnung war ein Teil der Fehler der Zusammensetzung nach dem Dekret vom Jahre 1888 beseitigt, es war aber auch dem Einfluß des Parlaments in weiterem Maße die Tür geöffnet, als dies bei einer sachverständigen, beratenden Körperschaft zulässig und wünschenswert erscheint.

Hervorzuheben unter den Bestimmungen des Dekrets vom Jahre 1894 und als besonders glücklich zu bezeichnen ist die Vorschrift, daß die 28 Mitglieder des Rates, die außerhalb des Kreises der Mitglieder aus den beiden Parlamenten und der Mitglieder von Amts wegen in den Rat ernannt werden können, nur solche Personen sein dürfen, die durch amtliche oder ehrenamtliche Beschäftigung mit dem Armenwesen oder ganz besondere Sachkenntnis (z. B. wissenschaftliche Betätigung) für die Beratungen in dem obersten Armenrat besonders geeignet sind.

Damit wurde die Sicherheit geschaffen, daß zur Mitgliedschaft des Rates zu mehr als der Hälfte nur durchaus sachverständige Personen gelangen konnten, denn außer den 28 sind ja von den 14 ernannten Mitgliedern mindestens zehn als Sachverständige des Armenwesens zu bezeichnen, darunter die fünf Generalinspektoren.

Die Heranziehung der letzteren in den „Conseil supérieur de l'assistance publique" bildet das Verbindungsglied zwischen der gutachtlichen Tätigkeit des Rates und seiner Stellung im Rahmen der staatlichen Aufsicht über das öffentliche Armenwesen in Frankreich. Diese letztere beruht auf der sogenannten Inspection Générale.

Unter dem Ministerium des Innern in Frankreich besteht schon seit dem Jahre 1828, eingesetzt durch eine Ministerialverordnung vom 29. Juni 1828 und späterhin mehrfach erweitert und ausgestaltet, eine sogenannte Generalinspektion für die Ausübung der Aufsicht über die örtlichen Verwaltungen usw., die dem Ministerium allgemein zusteht. Dieser Generalinspektion lag auch die Beaufsichtigung des öffentlichen Armenwesens ob. Hierfür wurde von dem Präsidenten der Republik am 18. Oktober 1887 ein Dekret erlassen, das die besondere Aufsicht über das öffentliche Armenwesen durch die Generalinspektoren näher regelte.

Das Dekret bestimmte folgendes:

Die Generalinspektoren treten nur auf Grund besondern Auftrags des Ministers in Tätigkeit, ohne daß dadurch die Aufsichtsbefugnisse anderweit zur Aufsicht bestimmter Personen beschränkt werden. Sie werden durch den Minister des Innern aus der Zahl der Mitglieder der staatlichen Verwaltungsräte ernannt. Sie müssen französische Staatsbürger und mindestens 30 Jahre alt sein. Zulässig ist auch, daß Nichtbeamte zu Generalinspektoren ernannt werden, und zwar dann, wenn ihre Tätigkeit sie hierfür besonders geeignet erscheinen läßt. Außerdem konnte auch eine Generalinspektorin erwählt werden, für die die gleichen Vorbedingungen galten.

Für die Beaufsichtigung des öffentlichen Armenwesens und der Strafanstalten wurden im Jahre 1887 13 Generalinspektoren und eine Generalinspektorin eingesetzt. Die letztere sollte besonders die weiblichen Strafanstalten beaufsichtigen. (Die Gehälter betrugen 6—10000 Fr. bzw. 4—5000 Fr.)

Der Beaufsichtigung der Generalinspektoren wurden unterworfen:

Alle öffentlichen oder privaten Anstalten und Einrichtungen der Wohltätigkeit; die Spitäler und Hospize; die öffentlichen und privaten Obdachlosenasyle; die Taubstummen- und Blindenanstalten des Staates, der Departements und der Gemeinden, einschließlich des Unterrichts in diesen Anstalten; die sogenannten Dépôts de mendicité; die Besserungsanstalten und Asyle, sowie die staatlichen oder privaten Waisenhäuser; die Wöchnerinnenfürsorgevereine und die Krippen; die gemeindlichen Armenverwaltungen; die Leihhäuser; schließlich alle Wohlfahrtseinrichtungen, deren Gemeinnützigkeit staatlich anerkannt ist, und alle die unterstützten Kinder, den Säuglingsschutz und die unentgeltliche Krankenpflege betreffenden Einrichtungen.

Die Beaufsichtigung dieser sämtlichen Anstalten und Einrichtungen der privaten, wie der öffentlichen Wohlfahrtspflege, Armenpflege, Fürsorge usw., insbesondere auch der Krankenpflege sollte in der Weise erfolgen, daß der Minister des Innern für ganz Frankreich die Beaufsichtigung alljährlich auf die vorhandenen Generalinspektoren verteilte, oder ihnen im Einzelfalle den Auftrag zu einer Untersuchung gab. Die Generalinspektoren sollten bei ihren Untersuchungen an Ort und Stelle den allgemeinen Geschäftsgang der Anstalten prüfen, die Ausführung der Gesetze und der Ministerialerlasse und -anweisungen. Hierüber sollten sie alsdann dem Minister Bericht erstatten, besonders auch über diejenigen Punkte, die von ihm ausdrücklich bezeichnet würden. Die Generalinspektoren erhielten nicht das Recht, Anordnungen zu erteilen oder Maßnahmen vorzuschreiben, abgesehen von Fällen, in denen sie ausdrücklich und in aller Form von dem Minister dazu ermächtigt waren, oder dringenden Fällen. Jeweils aber hatten sie umgehend über die getroffenen Anordnungen Bericht zu erstatten.

Die Generalinspektoren hatten ferner vier Mal im Jahre, nach Bedarf öfter, unter dem Vorsitz des ältesten Generalinspektors gemeinsame Sitzungen abzuhalten, eine Art Amtskonferenzen, um sich über die ihnen von dem Minister vorgelegten Fragen gutachtlich zu äußern oder untereinander die auf ihren Inspektionsreisen gemachten Erfahrungen auszutauschen. Es wurde ihnen ausdrücklich untersagt, über andere Fragen zu beraten, als über die ihnen vorgelegten. Der Kreis der letzteren konnte alle Gebiete berühren, die die Tätigkeit und Arbeit der Anstalten und Einrichtungen betrafen, die unter der Verwaltung des öffentlichen Armenwesens und Strafvollzugs standen.

Durch das Dekret wurde ausdrücklich bestimmt, daß die Konferenz der Generalinspektoren in Angelegenheiten des Armenwesens befragt werden müsse, wenn sie folgende Gebiete beträfen:

Die Ausdehnung oder Neuordnung der allgemeinen Satzungen der Wohlfahrtsanstalten,
die Hausordnungen der öffentlichen Obdachlosenasyle,
die Errichtung von Dépôts de mendicité und ihre Statuten,
die Beschäftigung der Insassen der Obdachlosenasyle innerhalb der Anstalten, und
die Bauten in Spitälern und Hospizen.

Durch die Änderung des „Conseil supérieur" im Jahre 1894 wurden fünf der Generalinspektoren zu Mitgliedern des Conseil von Amts wegen ernannt und damit ihre Erfahrung in dem obersten Armenrat zur Geltung gebracht.

In dieser Organisation bestand der Dienst der Generalinspektoren bis zum Jahre 1901, in dem er insofern geändert wurde, als die Zahl der Inspektoren auf elf festgesetzt wurde, denen vier Hilfsinspektoren und die schon vorerwähnte weibliche Generalinspektorin zur Seite traten.

Eine weitere Änderung erfolgte noch im Jahre 1906 (Dekret vom 5. Juni 1906) und die letzte im Jahre 1907 durch ein Dekret des Präsidenten der Republik vom 20. Dezember 1907. Vor allem wurde die Zahl der Generalinspektoren erheblich erhöht, derart, daß sie nunmehr im Ganzen 20 beträgt, und zwar

8 Inspecteurs généraux,
9 Inspecteurs adjoints,
3 Inspectrices générales.

Im übrigen betreffen die Änderungen folgende Punkte:
Die Generalinspektoren haben sich auch über die Unterstützungen zu äußern, die den Wohltätigkeitsbestrebungen und für Einrichtungen des Gesundheitswesens von Staats wegen gegeben werden und überhaupt zu sämtlichen organisatorischen Erlassen des Ministeriums des Innern, die die Verwaltungen betreffen, die dem Ministerium unterstellt sind.

Als weitere Aufgabe wurde den Inspektoren aufgetragen, am Ende ihrer jährlichen Besichtigungsreise einen Generalbericht an die obenerwähnte Amtskonferenz der Inspektoren zu erstatten, in dem ein allgemeiner Bericht über die vorgenommenen Besichtigungen enthalten sein muß. Insbesondere soll sich der Bericht über die Maßnahmen aussprechen, durch die die besichtigten Einrichtungen und Verwaltungen vereinfacht werden könnten und gegebenenfalls über die Änderung der Gesetzgebung oder der Erlasse des Ministeriums, sowie über die größtmögliche Ausnützung der zur Verfügung stehenden Geldmittel. Diese Berichte müssen in der Konferenz der Generalinspektoren besprochen werden und werden von dem Vorsitzenden der Konferenz mit den Beschlüssen derselben dem Direktor des öffentlichen Armenwesens im Ministerium des Innern vorgelegt. Dieser hat sie mit seinen eigenen Bemerkungen dem Minister des Innern vorzutragen.

Besonders wichtig ist die Bestimmung, daß der Bericht des Generalinspektorats in dem Journal officiel der Republik veröffentlicht werden muß.

Das Dekret änderte ferner die Bestimmungen über die Organisation der Generalinspektion, regelte des Näheren die Vorbedingungen für die Auswahl der Generalinspektoren und -inspektorinnen (wobei besonders bemerkenswert ist, daß die Kandidaten für die Stellen aus den verschiedensten Tätigkeitsgebieten entnommen werden können), und erhöhte die Gehaltssätze für die Inspektoren. Für Einzelheiten kann auf das im Anhang abgedruckte Dekret verwiesen werden.

Diese Neuordnung des Generalinspektorats, die, soviel bekannt, die letzte Neuordnung ist, gibt, abgesehen von der Erhöhung der Gehälter, sowie den genaueren Vorschriften für die Erlangung der Stellen, als wesentlichste Neuordnung die Erhöhung der Zahl der Generalinspektoren und -inspektorinnen auf im Ganzen 20. Es geht hieraus hervor, daß die Tätigkeit der Generalinspektoren eine immer umfangreichere geworden ist, und daß sie für außerordentlich wertvoll gehalten wird. Das betont auch der von dem damaligen Minister des Innern erstattete Begleitbericht zu dem Vorschlag des Dekrets[1].

Sehr wesentlich an der heutigen Einrichtung des Generalinspektorats ist die im Jahre 1901 eingeführte **Abfassung der Generalberichte und deren Veröffentlichung** in dem Journal officiel.

Durch diese Veröffentlichung wird über einzelne Gebiete des französischen Armen- und Wohlfahrtswesens, sowie der öffentlichen Gesundheitspflege vor aller Öffentlichkeit von einer zentralen Stelle aus in kritischer Form berichtet, wobei sich die am Ort gemachten Beobachtungen mit den seitens der Konferenz der Generalinspektoren aufgestellten Vorschlägen und Änderungen in glücklicher Weise vereinen. In der Abfassung dieser Berichte liegt ein sehr wesentliches Moment der Aufsichtsführung über die Grundsätze und die Organisation der öffentlichen Armenpflege in Frankreich. Die Generalinspektoren haben ja nicht das Recht, selbst Änderungen anzuordnen, sie haben nur Bericht zu erstatten und entsprechende Änderungen bei dem Minister in Anregung zu bringen. Dieser kann dann im Wege der staatlichen Aufsichtsbefugnis durch ministerielle Anordnung im Einzelfalle eingreifen und die festgestellten Mängel abstellen lassen.

Dadurch aber, daß die Berichte der Generalinspektoren, ebenso wie die Gutachten und anderen Arbeiten des obersten Armenrates **veröffentlicht** werden und somit jedermann zugänglich sind, wird ebenfalls eine gewisse **Aufsicht** ausgeübt:

Es wird von denjenigen Einrichtungen und Anstalten des Wohlfahrtswesens, von den Gemeinden und Departements, deren Einrichtungen auf dem Gebiete des Armenwesens in den Berichten eine tadelnde Kritik erfahren haben, dieser Tadel nicht ohne Folgen hingenommen werden können. Ganz von selbst ergibt sich hieraus die alsbaldige Abänderung und damit die Verbesserung des bestehenden Armenwesens und die Beseitigung seiner Mängel und Ungleichheiten. Es besteht eine Art Aufsicht, die ohne das Mittel des staatlichen Zwanges allein mit dem der **Öffentlichkeit**

---

[1] Auf weitere Einzelheiten der Tätigkeit der Inspektoren kann nicht eingegangen werden, weil das erreichbare Material zu lückenhaft ist und sonst auch die Darstellung der Einrichtungen des französischen Armenwesens im Einzelnen erforderlich wäre. Dies geht über den Zweck der vorliegenden Abhandlung hinaus.

arbeitend auch eine sehr strenge und gerade in einem Lande mit so weitgehendem Parlamentarismus wie in Frankreich, eine sehr peinliche ist. Es muß hierbei allerdings hervorgehoben werden, daß die Generalinspektoren in erfreulicher Weise bei ihren Besichtigungen vorgefundene Mängel schonungslos aufdecken und zur Darstellung bringen.

Viel wichtiger aber als diese in der staatlichen Organisation Frankreichs liegende Möglichkeit der Beaufsichtigung der einzelnen Zweige des öffentlichen Armen- und Wohlfahrtswesens und viel höher einzuschätzen ist die Tätigkeit der Generalinspektoren in der Mitgliedschaft im obersten Armenrat. Denn der oberste Armenrat, der sich gutachtlich über die Fragen des Armenwesens, die zu gesetzgeberischer Behandlung gelangen, oder die ihm vom Minister des Innern vorgelegt werden, äußern soll, erhält durch die Berichte der Generalinspektoren über einzelne Teilgebiete des gesamten öffentlichen Armen- und Wohlfahrtswesens eine genaue Kenntnis von seinem derzeitigen Stande, von seinen Vorzügen und Mängeln. Der „Conseil supérieur" kann auf diesem Wege sich davon überzeugen, wieweit die in seinen Beschlüssen, Gutachten und Veröffentlichungen (fascicules) aufgestellten Grundsätze über das öffentliche Armen- und Wohlfahrtswesen in der Praxis zur Annahme gekommen sind und zur Durchführung gelangten.

Die gesamte Organisation der Aufsicht über die öffentliche Armenpflege in Frankreich, die sich ja wesentlich als Teil der bei dem Ministerium des Innern überhaupt bestehenden Beaufsichtigung der ihm unterstellten Verwaltungen kennzeichnet, und in der der oberste Armenrat eine sehr wichtige Rolle spielt, hat sich sehr gut bewährt:

Einmal ist durch die Arbeiten beider Organe, vor allem durch ihre Veröffentlichung, die Kenntnis von den tatsächlichen Zuständen des französischen Armen- und Wohlfahrtswesens überhaupt erst ermöglicht worden. Diese Kenntnis beruht aber auf einwandfreiestem Tatsachenmaterial, einem Material, wie es in ähnlicher Weise in anderen Staaten amtlich noch nicht gefördert worden ist. Sie vermittelte damit nicht nur die Aufdeckung der Fehler und Mängel des jetzigen französischen Armenpflegewesens, sondern auch die der Stellen, an denen die Reform in erster Linie einzusetzen hatte.

Zum andern hat die Tätigkeit der beiden Organe in umfassender und sachverständigster Weise die Gesetzentwürfe vorbereitet, die seit den achtziger Jahren das französische Armenwesen weiter ausgebaut haben. Diese Gesetzgebung hat ohne Zweifel sehr langsam das Stadium von den ersten Anregungen bis zur entgültigen Verabschiedung in dem Parlament durchlaufen. Allein die betreffenden Gesetze zeichnen sich auch durch außerordentliche Gründlichkeit und weitgehendstes Berücksichtigen der historischen Entwicklung aus, durch wohldurchdachtes und wohlüberlegtes, schrittweises Vorgehen in der Reform und dem Ausbau der vorhandenen Wohlfahrts- und Unterstützungseinrichtungen.

Schließlich bieten die Veröffentlichungen des obersten Armenrates und die Berichte über seine Sitzungen eine reiche Fülle von grundsätzlichen Erörterungen auf dem Gebiete des Armenwesens, von Anregungen zur Lösung der schwierigen Probleme des privaten wie öffentlichen Wohlfahrtswesens. Für den Fachmann des Armenwesens, besonders die Leiter der Verwaltungen und Anstalten, sind sie eine Fundgrube, die ihm für die Praxis der Armenpflege von außerordentlichem Wert ist. Das ist in erster Linie dem Umstand zu verdanken, daß in dem obersten Armenrat in überwiegender Zahl sachverständige, in der Armenpflege und ihrer Leitung und Verwaltung praktisch erfahrene Personen Mitglieder sind, und daß der Rat durch seine Organisation die Gewähr bietet, daß er nicht ein willfähriges Organ der Regierung und der herrschenden Parlamentsparteien werden kann, sondern eine unabhängige, nur dem Interesse der Sache zugewandte Behörde.

Anhang.

I.

Rapport
de M. Charles Floquet,
Président du Conseil, Ministre de l'Intérieur, au Président de la République.

Monsieur le Président,

Les pouvoirs publics se sont, à maintes reprises, préoccupés des problèmes nombreux et difficiles que soulèvent les questions d'assistance publique et de prévoyance. La révolution française a posé le principe de l'assistance publique en termes précis et énergiques qui en ont fait pour tous ses descendants un devoir social impérieux, une dette sacrée. Ce principe, il convient à notre démocratie d'en développer les conséquences et de leur donner toute l'extension que comportent à la fois l'initiative privée largement exercée et le concours administratif libéralement accordé. Afin de favoriser les voeux émis depuis plusieurs années par les assemblées législatives et les sociétés particulières, afin de faciliter la mise en pratique des lois et d'étudier avec ensemble et autorité les améliorations à réaliser et les innovations à tenter dans ces divers ordre d'idées, mes prédécesseurs ont groupé, à mon département, en une seule direction, les divers services concernant l'assistance publique et les institutions de prévoyance.

Il vous paraîtra assurément désirable de compléter l'oeuvre du décret du 4 Novembre 1886 en plaçent auprès de la direction de l'assistance publique un Conseil supérieur avant pour mission d'éclairer l'administration sur toutes les questions d'assistance et de prévoyance, et dans lequel se trouveraient réunis les éléments de savoir et d'expérience.

Comme un certain nombre de conseils placés auprès de directions ministérielles et qui, par l'association des diverses compétences délibérantes et de l'élément exécutif, ont donné les meilleurs résultats, le Conseil supérieur de l'assistance comprendrait des membres que le gouvernement nommerait pour six ans et d'autres dont la désignation est la conséquence des fonctions dont ils sont investis. Les premiers seraient choisis, soit à Paris, soit en province, parmi les personnes que leurs travaux antérieurs désignent au choix du gouvernement. Ils m'a paru convenable de réserver dans ce choix une large place aux membres des deux chambres, et de créer ainsi un lien de plus entre les représentants de la nation et l'administration dans l'étude commune des problèmes d'assistance.

Le Conseil supérieur aurait deux sessions générales annuelles. Les membres pourraient être répartis en plusieurs sections se réunissant à intervalles plus rapprochés.

Si vous approuvez ces propositions, je vous prierai, Monsieur le Président, de vouloir bien revêtir de votre approbation les deux décrets ci-joints, dont l'un institue le Conseil supérieur et l'autre nomme les conseillers qui, avec les membres de droit, constitueront cette assemblée.

Veuillez agréer, Monsieur le Président, l'hommage de mon profond respect.
[Paris, 1888].

Le Président du Conseil, Ministre de l'Intérieur,
signé: Ch. Floquet.

DÉCRET.
Instituant le Conseil Supérieur d'Assistance Publique.
Le Président de la République française,
Sur le rapport du Président du Conseil, Ministre de l'Intérieur,

Décrète:

Art. 1. Il ist institué, auprès du ministère de l'intérieur, un Conseil supérieur de l'assistance publique, chargé de l'étude et de l'examen de toutes les questions qui lui sont renvoyées par le ministre et qui intéressent l'organisation, le fonctionnement et le développement des différents modes et services d'assistance.

Art. 7. Le Conseil supérieur de l'assistance publique pourra être subdivisé, par arrêtés du Ministre de l'Intérieur, en un certain nombre de sections correspondant aux divers ordres de travaux qui lui seront soumis.

Art. 8. Des secrétaires adjoints peuvent être mis par le Ministre à la disposition du Conseil pour faciliter ses travaux.

Art. 9. Le ministre peut autoriser à assister aux séances du Conseil avec voix consultative et à titre temporaire, soit les fonctionnaires dépendant ou non de son administration, soit toutes autres personnes dont la présence serait reconnue nécessaire pour les travaux du Conseil.

Fait à Paris, le 14 avril 1888.   signé: Carnot.

DÉCRET.
Le Président de la République française,
Vu les décrets des 14 avril, 11 mai 1888 et 27 janvier 1891;
Sur la proposition du ministre de l'intérieur.

Décrète:

Article premier. — Le Conseil supérieur de l'assistance publique est composé de soixante membres, savoir: quatorze membres de droit et quarante-six membres nommés par décret.

Sont membres de droit du conseil:
1º le directeur de l'assistance et de l'hygiène publiques;
2º le directeur de l'administration départementale et communale;
3º le directeur de l'administration pénitentiaire;
4º le directeur du service de santé au ministère de la guerre;
5º le directeur du service de santé au ministère de la marine;
6º le président du Comité consultatif d'hygiène publique de France;
7º le secrétaire perpétuel de l'académie de médecine;
8º les inspecteurs généraux de l'assistance publique;
9º le directeur de l'assistance publique de Paris;
10º le directeur du Mont-de-Piété de Paris.

Les membres nommés par décret comprennent six sénateurs, douze députés, vingt-huit personnes désignées soit par les fonctions administratives ou électives, qu'elles remplissent, soit par leur compétence speciale.

Art. 2. La partie du Conseil, composée de membres nommés par décret est renouvelée par moitié tous les deux ans. Les membres sortants peuvent être l'objet d'une nouvelle nomination.

Tout membre nommé en remplacement d'un autre ne demeure en fonctions que pendant la durée du mandat confié à son prédécesseur.

Les membres du Parlement ne sont nommés que pour la durée de la législature pendant laquelle ils ont été investis.

Les membres nommés par décret cessent de faire partie du conseil lorsqu'ils perdent la qualité en raison de laquelle ils ont été désignés.

Un membre nommé par décret, qui, sans excuse ou sans motif légitime, aurait manqué à trois convocations successives, peut être déclaré démissionaire par le ministre de l'intérieur.

Art. 3. Les séries sortantes sont désignées par la voie du tirage au sort dans les formes et les conditions déterminées par le ministre de l'intérieur.

Art. 4. Le Conseil supérieur de l'assistance publique tient chaque année deux cessions ordinaires dont la date est fixée par le ministre de l'intérieur.

Des réunions extraordinaires peuvent avoir lieu sur la convocation du ministre de l'intérieur.

Art. 5. Le ministre de l'intérieur est président d'honneur du conseil supérieur de l'assistance publique.

Le conseil élit dans son sein un président et deux vice-présidents.

Le ministre de l'intérieur nomme le secrétaire général qui peut être choisi en dehors des membres du conseil.

Art. 6. Les conditions de fonctionnement du conseil supérieur de l'assistance publique non prévues par le présent décret sont réglées par le ministre de l'intérieur.

Art. 7. Sont abrogées les dispositions des décrets susvisés des 14 avril 11 mai 1888 et 27 janvier 1891, en ce qu'elles ont de contraire au présent décret.

Art. 8. Le ministre de l'intérieur est chargé d'assurer l'exécution du présent décret, qui sera publié au „Journal officiel" et inséré au „Bulletin des lois".

Fait à Paris, le 15 janvier 1894.

Signé: Carnot.

II.

DÉCRET.

Le Président de la République française,

Sur le rapport du président du Conseil, ministre de l'intérieur, et du ministre des finances.

Décrète:

Titre premier.

Attributions.

Article premier. L'inspection générale des services administratifs forme un corps spécial chargé d'exercer un contrôle supérieur sur les services dépendant du ministère de l'intérieur.

Son action s'étend sur tous les services, établissements ou institutions ressortissant de ce département.

Art. 2. Les fonctionnaires de l'inspection générale des services administratifs sont les délégués immédiats du ministre. Ils exercent le contrôle en son nom.

Ils sont chargés de tournées annuelles, et de missions spéciales ou extraordinaires.

Pour les tournées annuelles, le ministre en règle l'objet au cours du premier trimestre de chaque année; il détermine et attribue les circonscriptions d'inspection, et fixe la date de départ en tournée ainsi que l'époque extrême de la remise des rapports.

Pour les missions spéciales ou extraordinaires, auxquelles il est procédé tant en France qu'à l'étranger toutes les fois que les circonstances le comportent, le ministre en règle l'objet et désigne les fonctionnaires de l'inspection générale qui en sont chargés.

Il peut leur adjoindre les personnes dont le concours paraîtrait nécessaire pour l'examen de certaines questions exigeant des connaissances techniques.

Au cours de leurs inspections ou missions, les fonctionnaires de l'inspection générale n'ont pas qualité pour donner des ordres ou prescrire des mesures, sauf en cas d'instructions formelles, ou en cas d'urgence et à charge d'en référer aussitôt au ministre.

Art. 3. Dans l'intervalle des tournées les inspecteurs généraux et les inspecteurs généraux adjoints s'assemblent en comité sous la présidence d'un inspecteur général désigné par ses collègues.

Le président fait les convocations, dirige les délibérations et signe les procès-verbaux. Il peut convoquer les inspectrices pour les affaires concernant les services ou établissements visités par elles au cour de leur dernière tournée.

Le directeur du contrôle assiste aux délibérations du comité.

Art. 4. Le comité des inspecteurs généraux examine toutes les questions générales ou spéciales qui lui sont soumises par le ministre.

Il doit être consulté notamment sur la création, la transformation ou la suppression de tous établissements relevant des services d'assistance et d'hygiène publiques ou des services pénitentiaires, sur tous les travaux à y exécuter, sur les budgets de ces établissements lorsque le règlement en est effectué par le ministre ou sur sa proposition, sur les adjudications et, suivant leur importance, sur les marchés de gré à gré; sur la fixation des tarifs pénitentiaires et sur la rédaction des cahiers des charges des entreprises générales; sur l'organisation des sociétés de patronage; sur les demandes de subventions sur les fonds du pari mutuel; sur les subventions à allouer aux œuvres d'assistance, de bienfaisance ou d'hygiène; sur tous les règlements organiques (décrets ou arrêtés ministériels) concernant les services dépendant du ministère de l'Intérieur.

Art. 5. Les inspecteurs généraux et inspecteurs généraux adjoints rendent compte individuellement de leurs tournées ou missions par des rapports spéciaux, en se conformant, à cet égard aux instructions données par le ministre.

En outre, pour chacun des services ou des catégories d'établissements ayant fait l'objet de la tournée annuelle, un rapport d'ensemble est établi dans les conditions suivantes:

A la fin de la tournée annuelle, chacun des inspecteurs généraux ou inspecteurs généraux adjoints fait connaître au comité les observations, présentant une portée générale, qu'il a été amené à faire au cours de ses inspections, au point de vue des mesures d'amélioration ou de simplification des services, des modifications qui paraîtraient désirables dans la législation ou la réglementation ainsi que des économies possibles et de la meilleure utilisation des crédits.

Après discussion générale et désignation d'un rapporteur les conclusions présentées par ce dernier sont délibérées par le comité.

Le président du comité remet ensuite les rapports et conclusions adoptées au directeur du contrôle auquel il appartient de les transmettre au ministre avec ses propres observations.

Les rapports et conclusions du comité des inspecteurs généraux, ainsi que ceux du directeur du contrôle qui peuvent les accompagner, sont publiés soit intégralement, soit par extraits au Journal officiel.

Titre II.

Organisation — Recrutement.

Art. 6. L'inspection générale des services administratifs comprend:

    8 inspecteurs généraux,
    9 inspecteurs généraux adjoints,
    3 inspectrices générales.

Le cadre des inspecteurs généraux et des inspecteurs généraux adjoints doit toujours comprendre au maximum deux docteurs en médecine ou techniciens d'une compétence spéciale en matière d'hygiène publique ou de service sanitaire.

Art. 7. Les inspecteurs généraux des services administratifs sont répartis en quatre classes, savoir:

2 inspecteurs généraux de 1re classe à 14 000 francs.
2 „ „ „ 2e „ à 12 000 „
2 „ „ „ 3e „ à 10 000 „
2 „ „ „ 4e „ à 8 000 „

Les inspecteurs généraux sont choisis parmi les inspecteurs généraux adjoints de 1re classe ou de 2e classe, à raison de deux tours au choix et d'un tour à l'ancienneté suivant un tableau d'avancement établi chaque année.

Art. 8. Les inspecteurs généraux adjoints sont répartis en 3 classes, savoir:

3 inspecteurs généraux adjoints de 1re classe à 7000 francs.
3 „ „ „ „ 2e „ à 6000 „
3 „ „ „ „ 3e „ à 5000 „

Les inspecteurs généraux adjoints sont recrutés au concours. Peuvent seuls être admis à concourir pour l'emploi d'inspecteurs généraux adjoints:

1°. Les fonctionnaires de l'administration préfectorale et les fonctionnaires ou employés de l'administration centrale, les inspecteurs de l'assistance publique, les directeurs de circonscription pénitentiaire, les auditeurs au conseil d'État et à la cour des Comptes comptant au moins cinq ans de services civils.

2°. Les docteurs en droit, en médecine ou ès-sciences, les candidats ayant satisfait aux examens de sortie de l'École polytechnique, de l'École nationale des mines, de l'École des ponts et chaussées, de l'école centrale des Arts et manufactures, qui seront reconnus justifier soit de services rendus aux diverses branches des administrations dépendant du ministère de l'Intérieur, soit de titres ou de travaux s'y référant.

Les candidats ne sont admis à concourir qu'après avoir obtenu l'agrément du ministre.

Ils doivent être Français, avoir satisfait à la loi sur le recrutement en ce qui concerne le service actif et être âgés de moins de trente ans. Cette limite d'âge est reculée d'un temps égal à la durée des services antérieurs civils ou militaires ouvrant des droits à la retraite.

Le jury du concours est composé: du directeur du contrôle et de la comptabilité, président, de deux des directeurs du ministère de l'Intérieur au choix du ministre, de trois inspecteurs généraux et d'un inspecteur général adjoint.

Quand le nombre des médecins ou des personnes visées au paragraphe 3 de l'article 6, descendra au-dessous du minimum fixé, il sera pourvu à la vacance par un concours spécial. Pour ce concours, le jury déterminé au paragraphe précédent comprendra au lieu et place de deux directeurs du ministère de l'interieur au choix du ministre, le directeur de l'assistance et de l'hygiène publiques et un membre du Conseil supérieur d'hygiène publique.

Art. 9. Les inspectrices générales des services administratifs sont réparties en trois classes, savoir:

1 inspectrice de 1re classe à 5000 francs
1 „ „ 2e „ à 4500 „
1 „ „ 3e „ à 4000 „

Elles sont recrutées par un concours dont le règlement et les matières font l'objet d'arrêtés ministériels.

Nulle ne peut prendre part au concours si elle n'a plus de trente ans et moins de quarante ans d'âge.

Art. 10. Les nominations, promotions et élévations de classe des fonctionnaires de l'inspection générale sont faites par décret. Elles sont publiées au „Journal officiel" dans le délai d'un mois.

Les élévations de classe ont lieu à l'ancienneté, d'une classe à la classe immédiatement supérieure, suivant l'ordre d'un tableau inséré chaque année au journal officiel dans le courant du mois de décembre, et donnant répartition des fonctionnaires de l'inspection générale par grad et par classe, en fixant leur rang dans chaque classe.

Art. 11. Des arrêtés ministériels détermineront: le règlement et les matières des concours prévus aux articles 8 et 9; les frais de tournée et de mission; les circonscriptions et l'objet des tournées, les dates de départ en inspection et de remise des rapports.

Titre III.
Service Central.

Art. 12. L'Inspection générale est rattachée à la direction du contrôle et de la comptabilité.

Le service central de l'Inspection a comme attributions: Préparation des tournées annuelles et missions spécialel ou extraordinaires et des instructions y relatives. Correspondance avec les inspecteurs en tournée ou en mission. Centralisation, lecture et analyse des rapports d'inspection. Discussion contradictoire avec les services de l'administration centrale des questions soulevées par ces rapports. Suite à donner aux rapports. Étude des questions soumises par le ministre à l'inspection générale.

Ce service est rattaché à la direction du contrôle. Un inspecteur général adjoint est désigné comme chef du service central.

Les inspecteurs généraux adjoints peuvent toujours être appelés à participer aux travaux de ce service.

Fait à Paris, le 20 décembre 1907.

Signé: A. Fallières.

Die Regelung der Aufsicht über die öffentliche Armenpflege im Reichsarmengesetz.

Richtlinien
von
Direktor Dr. **Blaum**, Straßburg i. E.

Die öffentliche Armenpflege ist im Deutschen Reich grundsätzlich Aufgabe der Gemeinden [der Ortsarmenverbände], ergänzt durch die Tätigkeit höherer Kommunalverbände [der Landarmenverbände]. Sie ist somit ein Zweig der Selbstverwaltung. Als solcher untersteht sie überall der **staatlichen Kommunalaufsicht**. Das ist auch in den einzelstaatlichen Armengesetzen ausdrücklich bestimmt. Die betreffenden Gesetzesvorschriften in den größten Bundesstaaten sind folgende:

Preußen, Ausführungsgesetz zum U. W. G. vom 8. März 1871, § 25:
„Der Staatsregierung steht nach Maßgabe der Gemeinde-Verfassungsgesetze die Aufsicht über die Verwaltung der Ortsarmenverbände zu."

Sachsen, Armenordnung vom 22. Oktober 1840, § 1: „Die öffentliche Armenpflege ist Gegenstand der Gemeindeverwaltung, über welche den Regierungsbehörden die Oberaufsicht zusteht."

Württemberg, Ausführungsgesetz zum U. W. G. vom 17. April 1873, Art. 19: „Der Staatsregierung steht nach Maßgabe der Gesetze über die Verfassung und Verwaltung der Gemeinden und Amtskörperschaften die Aufsicht über die Verwaltung der Orts- und Landarmenverbände zu."

Baden, Gesetz, betr. die öffentliche Armenpflege vom 5. Mai 1870, § 1: „Die öffentliche Armenpflege ist ein Teil der inneren Verwaltung und wird in Unterordnung unter die Staatsverwaltung von den Gemeinden und Kreisen besorgt."

Elsaß-Lothringen, Ausführungsgesetz zum U. W. G. vom 8. November 1909, § 12: „Die Aufsicht über die Verwaltung des Ortsarmenverbandes steht den staatlichen Behörden nach Maßgabe der Gemeindeordnung zu. Bei Gesamtarmenverbänden . . . . . .
Die Aufsicht über die Verwaltung der Landarmenverbände führt das Ministerium."

Bayern, Entwurf eines Armengesetzes vom 25. März 1914 (Kammer der Abgeordneten, 36. Landtagsversammlung, II. Session, 1913/14, Beilage 800) Art. 71: „Die Aufsicht über die Verwaltung der Ortsarmenverbände obliegt den Verwaltungsbehörden, die den Gemeinden zunächst vorgesetzt sind, bei ausmärkischen Bezirken den Distrikts= verwaltungsbehörden. Bei Gesamtarmenverbänden . . . . . .

Die Aufsicht über die Verwaltung der Landarmenverbände ob= liegt den Regierungen, Kammern des Innern.

Die oberste Aufsicht über die Verwaltung der Armenverbände obliegt dem Staatsministerium des Innern."

Ferner Art. 72: „Für die Aufsicht gelten die gesetzlichen Vor= schriften über die Staatsaufsicht in Gemeindeangelegenheiten ent= sprechend."

Ähnlich sind die Vorschriften in den Gesetzen der übrigen deutschen Bundesstaaten:

Überall besteht für die öffentliche Armenpflege nur die allgemeine Beaufsichtigung durch die staatlichen Aufsichtsbehörden ohne besondere gesetzliche Bestimmungen über die Art der Durchführung dieser Aufsicht.

Im Laufe der Jahrzehnte hat sich nun mit wachsender Klarheit ergeben, daß diese allgemeine Kommunalaufsicht für das öffent= liche Armenwesen nicht genügt. Trotz der den staatlichen Aufsichts= behörden im reichsten Maße zur Verfügung stehenden Machtmittel ist es nicht gelungen, immer und an allen Orten des Reiches eine den gesetz= lichen Anforderungen entsprechende Armenpflege zu gewährleisten. Jeder, der längere Zeit im öffentlichen Armenwesen tätig war, weiß, daß weit über die Verschiedenheiten hinaus, die die wirtschaftlichen und sozialen Verhältnisse im Osten und Westen, im Norden und Süden des Deutschen Reiches mit sich bringen, die Armenpflege sowohl in den Orts= als auch in den Landarmenverbänden außerordentlich ungleich ausgeübt wird. Es muß unumwunden zugegeben werden, daß zahlreiche kleine, wie auch manche größere Städte, kommunale und auch staatliche Verbände in ihren Grundsätzen auf dem Gebiete der öffentlichen Armenfürsorge nicht das= jenige Maß von sozialem Verständnis aufweisen und auch oft nicht die= jenigen Leistungen, die als Mindestmaß von einer öffentlichen Armenpflege verlangt werden müssen. Andererseits kann aber auch hervorgehoben werden, daß einzelne Landarmenverbände und besonders eine Reihe großer deutscher Städte auf dem Gebiete der Armenpflege Mustergültiges leisten, und daß dies geschehen ist, ohne daß etwa eine einschneidende staatliche Aufsicht hierzu den Anlaß gegeben hätte.

Aus der Beobachtung dieser Ungleichheiten entsprang die Forderung nach einer Verbesserung der Aufsicht über die öffentliche Armenpflege. Mit ihr beschäftigte sich bereits vor 25 Jahren der „Deutsche Verein für Armenpflege und Wohltätigkeit", indem er über die „Aufsicht über örtliche öffentliche Armenpflege" im achten Heft seiner Schriften längere Berichte durch die Herren Regierungsrat Huzel (Schwäbisch=Hall) und Bezirkspräsident Freiherr von Reitzenstein (Freiburg) erstatten ließ. Besonders verdient der Bericht von Huzel mit seinem umfassenden Material über die damalige tatsächliche Aufsicht über die örtliche Armen= pflege im einzelnen Unterstützungsfall hervorgehoben zu werden. Auf dem

Deutschen Armenpflege-Kongreß in Kassel im Jahre 1890 stand das gleiche Thema zur Verhandlung. Die beiden erwähnten Berichterstatter hatten ziemlich gleichgerichtete Thesen aufgestellt (Schriften des Deutschen Vereins für Armenpflege und Wohltätigkeit, 9. Heft S. 127), in denen eine Ausdehnung der Kommunalaufsicht gefordert wurde durch Anstellung ständiger staatlicher Armeninspektoren (Huzel, Leitsatz 4). Der Kongreß konnte sich damals auf keinen der vorgeschlagenen Leitsätze einigen und vertagte die Behandlung der ganzen Frage.

Erneut kam der mittlerweile häufig erörterte Punkt auf dem Deutschen Armenpflege-Kongreß zu Mannheim, 1905, zur Sprache anläßlich der Beratung über das Thema „Die heutigen Anforderungen an die öffentliche Armenpflege im Verhältnis zu der bestehenden Armengesetzgebung". Der dritte der von den Berichterstattern Senatssekretär Dr. Buehl (Hamburg), Rechtsrat Fleischmann (Nürnberg) und Beigeordneter Dr. Schwander (Straßburg i. E.) aufgestellten Leitsätze verlangte eine „Zentralisation der Aufsicht über die Ausübung der Armenpflege" (Schriften des Deutschen Vereins für Armenpflege und Wohltätigkeit, 75. Heft S. 165). Dieser Leitsatz wurde mit schwacher Mehrheit angenommen gegenüber der farbloseren Fassung „eine zweckentsprechende Aufsicht". Bezeichnend für die Auffassung der Berichterstatter waren die Worte von Dr. Schwander in seinem Schlußwort:

„Wir müssen eine Organisation haben für diese Aufsicht; von einer Zentralstelle soll sie ausgehen und ausstrahlen bis in die letzten Winkel des Landes."

Die Frage ruhte alsdann bis zu dem vorjährigen Deutschen Armenpflege-Kongreß in Stuttgart, 1913. Im Rahmen des weitausgreifenden Verhandlungsgegenstandes „Ein Deutsches Reichs-Armengesetz" wurde von Bürgermeister Dr. Thode (Stettin) ein Bericht über die „Aufsicht über die öffentliche Armenpflege und Rechtsprechung" gegeben, der besonders treffend die Gründe des Versagens der bisherigen Beaufsichtigung nachweist (Schriften des Deutschen Vereins für Armenpflege und Wohltätigkeit, 100. Heft S. 117). Die von Dr. Thode und dem Sonderausschuß für die Vorberatung der „Grundlagen und Richtlinien" vorgelegten Leitsätze forderten den Ausbau des Bundesamtes für das Heimatwesen zu einem Reichsarmenamt als oberster sachverständiger Zentralbehörde, wollten es aber im übrigen bei der allgemeinen Kommunalaufsicht bewenden lassen unter Ablehnung der Aufstellung besonderer Richtlinien und der Einsetzung besonderer Reichs- oder staatlicher Aufsichtsorgane für die Beaufsichtigung. Nur die Überwachung der der Armenpflege dienenden Anstalten durch die Amtsärzte wurde vorgeschlagen. Der Kongreß entschied sich nicht über die einzelnen Richtlinien, wünschte vielmehr die Frage der Aufsicht eingehender zu beraten. Es wurde nur im Grundsatz beschlossen, daß „der Erlaß eines Reichs-Armengesetzes im Sinne der vorgeschlagenen Richtlinien notwendig erscheine."

Als berufenster Vertreter der in der Praxis und in der Wissenschaft der Armenpflege amtlich oder ehrenamtlich tätigen Behörden, Vereine und

Einzelpersonen hat sich damit der Deutsche Armenpflege=Kongreß für die Notwendigkeit der Regelung der Aufsicht über die öffentliche Armenpflege in dem geplanten Reichs= armengesetz ausgesprochen. Richtlinien und Leitsätze über die Ausgestaltung dieser Aufsicht sind daher so aufzustellen, daß die Frage restlos behandelt wird und die Forderungen leicht in der Gesetzgebung verwirklicht werden können.

Allgemeines.

Die Aufsicht über die öffentliche Armenpflege im Deutschen Reich hat die Aufgabe,

> überall die Durchführung der öffentlichen Armenpflege nach einheitlichen Grundsätzen herbeizuführen und die Ungleichheiten in den Leistungen der Armenverbände zu beseitigen.

Die Erfüllung dieser Aufgabe setzt zweierlei voraus: Einmal das Bestehen einheitlicher Grundsätze, zum anderen die Fähigkeit aller Armen= verbände zu genügenden Leistungen.

Nur dann hat die Ausübung einer Aufsicht über das öffentliche Armenwesen überhaupt eine Berechtigung, und nur dann kann sie über= haupt erst durchgeführt werden, wenn für die öffentliche Armenpflege in Deutschland **einheitliche Grundsätze** aufgestellt werden. Die Gesetzgebung, und zwar auch die des Reiches in einem Reichsarmengesetz kann nur in ganz beschränkter Weise Grundsätze aufstellen. Das geltende Unter= stützungswohnsitzgesetz vom 30. Mai 1908 hat eigentlich nur den einen Grundsatz der allgemeinen Unterstützungspflicht des Aufenthaltsortes voll= ständig durchgeführt. Auch die einzelnen landesgesetzlichen Ausführungs= oder Armengesetze haben nur wenige Grundsätze aufgestellt. Weitere sind dann durch die Rechtsprechung insbesondere des Bundesamtes für das Heimatwesen entstanden, wie z. B. der der Familieneinheit, ohne doch dadurch der Anfechtung entzogen zu sein. Daher ist die Zahl der fest= stehenden allgemeinen Grundsätze des öffentlichen Armenrechts und besonders der öffentlichen Armenpflege eine sehr kleine. Sie genügt nicht im entferntesten, um die öffentliche Armenpflege in allen Teilen des Deutschen Reiches einheitlich zu leiten. Es fehlt uns ein Organ, das berechtigt ist, solche allgemeinen Grundsätze mit verbindlicher Kraft für alle Armenverbände aufzustellen und festzusetzen. Ohne ein solches ist ihre Aufstellung nicht durchführbar. Die Gesetzgebung ist nicht in der Lage, dem großen Bedürfnis nach solchen Grundsätzen zu genügen: Sie hat zu ihrer Entstehung einen so klippenreichen Weg zu durchlaufen, daß sie sich auf wenige ganz allgemeine Grundsätze stets beschränken muß, und sie kann auch mit ihrer naturgemäß etwas schwerfälligeren Maschinerie nicht so rasch dem wechselnden Bedürfnis genügen, wie es gerade in dem Gebiet der sozialen Fragen (im weitestem Sinne) notwendig ist. Daher muß ein Organ geschaffen werden, das auf Grund der geltenden Gesetze neben dem Gesetzgeber Grundsätze für die öffentliche Armenpflege auf=

zustellen berufen und befugt ist. Nach diesen Grundsätzen muß dann die Armenpflege allerorts ausgeübt werden und diese Ausübung, die Durchführung dieser Grundsätze ist alsdann zu beaufsichtigen.

Es ist also, um diese Aufsicht über die öffentliche Armenpflege durchzuführen, zuerst die Schaffung von Grundsätzen für sie erforderlich und, um diese aufzustellen, ein Organ, das die Grundsätze mit verbindlicher Kraft für alle Armenverbände aufstellen kann. **Daher gehört die Schaffung eines solchen Organs zu der Frage der Regelung der Aufsicht über die öffentliche Armenpflege.**

Die andere Voraussetzung der Durchführbarkeit einer Aufsicht ist die, **nur leistungsfähige Armenverbände zu schaffen**, d. h. in der Praxis: leistungsunfähige Orts- und Landarmenverbände zu beseitigen und durch Verschmelzen oder weitgehende staatliche Unterstützung zu leistungsfähigen Verbänden umzubilden.

Die einleitend schon erwähnte Beobachtung, daß ohne das Bestehen einer auch nur allgemeinen Aufsicht eine Reihe von größeren Landarmenverbänden und größeren Städten in der Lage gewesen sind, Vorzügliches auf dem Gebiete des öffentlichen Armenwesens zu leisten, und die Erfahrung, daß leistungsschwache Armenverbände nur in den seltensten Fällen zu einer wirklich guten Armenpflege haben gelangen können (wenn dies auch, wenigstens was die Grundsätze anbetrifft, sicher nicht völlig ausgeschlossen ist), lehren, daß die Voraussetzung für eine heutigen Ansprüchen in sozialer, materieller wie ethischer Hinsicht genügenden Armenpflege das Vorhandensein genügender Leistungsfähigkeit ist. Es muß deshalb die Forderung des deutschen Vereins für Armenpflege und Wohltätigkeit nach der Schaffung leistungsfähiger Armenverbände und der Beseitigung der leistungsunfähigen immer wieder erhoben werden, und es bildet ihre Erfüllung recht eigentlich eine Voraussetzung für die Einführung einer geeigneten Aufsicht über die öffentliche Armenpflege: Der Aufsicht muß die Möglichkeit entsprechen, mit staatlichem Zwang eine nicht genügende Armenpflege zu verbessern; dieser Zwang setzt aber voraus, daß eine Verbesserungsmöglichkeit hinsichtlich der finanziellen Leistungsfähigkeit eines Armenverbandes auch besteht.

Der deutsche Verein für Armenpflege und Wohltätigkeit hat diese Forderung nach der Schaffung leistungsfähiger Armenverbände sehr oft erhoben und hat sie ja auch anläßlich seiner Tagung in Stuttgart im Jahre 1913 unter den Leitsätzen über die Organe der öffentlichen Armenpflege (Schriften des Deutschen Vereins, 100. Heft: „Ein Deutsches Reichsarmengesetz, Seite 145/49) ausdrücklich gefordert. Besonders zu begrüßen ist, daß der bayrische Entwurf eines Armengesetzes die nötige gesetzgeberische Handhabe schafft, um leistungsunfähige Armenverbände in geeigneter Weise durch Zusammenlegung zu beseitigen. [Art. 18—20 des Entwurfes, Drucksachen der Kammer der Abgeordneten, 36. Landtagsversammlung, II. Sess. 1913/14, Beil. 800, S. 7 und 66 ff. — Das Ministerium kann nach Anhörung der beteiligten und anderer Instanzen die Vereinigung mehrerer Orts- zu einem Gesamtarmenverbande auch gegen deren Willen anordnen.]

Es darf daher angenommen werden, daß ein künftiges Reichsarmengesetz oder übereinstimmende Änderungen der Landesausführungsgesetze zum Unterstützungswohnsitzgesetz entsprechende Bestimmungen enthalten werde: Es muß aus dem Gesichtspunkt der Erfüllung der Aufgaben der öffentlichen Armenpflege die Erfüllung dieser Forderung bei allen Forderungen für das Reichsarmengesetz vorausgesetzt werden.

Nach diesen Voraussetzungen erhebt sich die weitere Frage, ob überhaupt die öffentliche Armenpflege überall nach einheitlichen allgemeinen Grundsätzen ausgeübt werden kann und soll.

Verschiedenheiten der Grundsätze können innerhalb des Deutschen Reiches wenigstens im allgemeinen nicht gelten gelassen werden. Man wird vielmehr gerade verlangen müssen, daß die Hauptgesichtspunkte der Ausübung der öffentlichen Armenpflege, d. h. diejenigen, die nach den folgenden Vorschlägen und Leitsätzen der Schaffung durch den Reichsarmenrat unterworfen werden sollen, überall im Deutschen Reich in gleicher Weise zur Anwendung kommen müssen; denn man darf die wirtschaftlichen und sozialen Unterschiede innerhalb unserer Grenzen auch nicht überschätzen, und man muß sich vor allem davor hüten, durch Fortführung vielleicht vorhandener aber zu vermeidender Unterschiede tatsächliche Verschiedenheiten erst zu schaffen dort, wo die geschichtliche Entwicklung des wirtschaftlichen wie kulturellen Lebens einen allmählichen Ausgleich herbeiführen kann und herbeiführen soll. Hinsichtlich der allgemeinen Grundsätze ist daher durchaus zu fordern, daß sie in gleicher Weise in allen Teilen des Reiches zur Anwendung und Ausführung kommen, und daß sich die Aufsicht in allen Teilen des Reichs streng an diese Grundsätze zu halten habe. Es muß auch darin der Grundsatz unserer Gesetzgebung: Reichsrecht geht vor Landesrecht, durchgeführt werden, da sonst die Einheit des deutschen Armenrechts und der deutschen Armenpflege in ihren Grundzügen bereits eine Biegung erleiden würde, die sich des weiteren örtlich wie zeitlich zu einem Bruch ausgestalten könnte.

Anders als mit den allgemeinen Grundsätzen der öffentlichen Armenpflege verhält es sich aber mit der Ausübung der Armenpflege im einzelnen, ihren Leistungen im einzelnen Armenpflegefall, in der einzelnen Stadt, der einzelnen Landgemeinde, dem Gutsbezirk, dem einzelnen Landarmenverband.

Wenn wir für die allgemeinen Grundsätze der Armenverbände Gleichheit und Einheit in unserem Reiche verlangen, so steht auf der anderen Seite die strenge Forderung, auf die örtlichen Verschiedenheiten unseres so verschiedenartigen wirtschaftlichen wie kulturellen Lebens Rücksicht zu nehmen und besonders die staatliche Organisation des Deutschen Reiches niemals aus dem Auge zu verlieren. Das Deutsche Reich ist kein Einheitsstaat und trotz der nicht zu verkennenden sehr starken Strömungen nach Vereinheitlichung nicht nur des Rechts und der Grundzüge unserer wirtschaftlichen Politik, sondern auch der kulturellen Einrichtungen, kann nicht genug betont werden, daß gerade auf dem **bundesstaatlichen Charakter des Reichs**, was das kulturelle Leben anbetrifft, zu dem die Armenpflege gehört, die Grundlagen unserer Entwicklung ruhen. Das öffentliche Armenwesen ferner ist, bisher wenigstens das materielle Armenrecht und damit der Kernpunkt unseres Armenwesens, nicht Sache des Reichs gewesen. Es ist in seiner Ausübung sogar auch nur in ganz beschränkter und ganz vereinzelter Weise Sache der Bundesstaaten (Ausländer). Das öffentliche Armenwesen ist noch heute in Deutschland fast ausschließlich Sache der Gemeinden und der größeren Kommunalverbände, d. h. eine Aufgabe und ein Tätigkeitsgebiet der **Selbstverwaltungskörperschaften**. Dem aufmerksamen Beobachter kann es nicht entgehen, daß der glänzende Aufschwung, den im Laufe des 19. Jahrhuuderts die Selbstverwaltung in den Städten und höheren Kommunalverbänden genommen hat, auch das Armenwesen ergriffen, und daß gerade der Selbstverwaltung dort, wo sich die Armenpflege zu hervorragenden Leistungen ausgebaut hat, diese Entwicklung zu verdanken ist.

Bei dem Armenwesen muß immer daran erinnert werden, daß das Deutsche Reich nicht wie England und Frankreich auch in denjenigen Verwaltungsangelegenheiten, die wesentlich der Betätigung der Gemeinden obliegen, eine oberste verwaltende und leitende Instanz in einem Ministerium des Innern besitzt, daß es erst einer Änderung der Reichsverfassung bedürfte, um eine ähnliche Einheitlichkeit für das Armenwesen überhaupt zu ermöglichen. An eine solche einschneidende Änderung der Reichskompetenz kann aber bei der Frage des Armenrechts vorläufig wenigstens und für absehbare Zeit nicht gedacht werden. Das, was die Praktiker des deutschen Armenwesens von einem Reichs=Armenrecht wünschen und fordern, kann ohne große Änderung der Reichsverfassung herbeigeführt werden, und es ist nicht zu bezweifeln, daß, solange dies möglich ist, die Reichsregierung stets dies und den Weg übereinstimmender Landesgesetze einer Änderung im Wege einschneidender Änderungen der Reichsverfassung vorziehen wird.

Wohl wäre es erstrebenswert, wie auf dem Gebiete der Arbeiterversicherung durch die Reichsversicherungsordnung, so auch auf dem des Armenwesens eine möglichste Vereinheitlichung durch das Reich herbeizuführen. Allein schon die Arbeiterversicherung hat eine solche Vereinheitlichung — man erinnere sich nur an die fakultative Einrichtung der Landkrankenkassen — nicht bis ins Kleinste herbeigeführt, ja, sie hat sogar auf bundesstaatliche Reservatrechte weitgehend Rücksicht genommen. Es lag dies nicht nur oder nicht ausschließlich an der Verschiedenheit der sozialen Verhältnisse. Es sprach auch hier, so wenig Jahrzehnte die Reichs=Sozial=Versicherung auch erst besteht, die historische Entwicklung bereits mit.

In viel weiterem Maße muß dies der Fall sein beim öffentlichen Armenwesen. Ist doch das Armenwesen nicht erst seit Jahrzehnten eine Sache der Gemeinden und damit der weitestgehenden Verschiedenheit in seiner Behandlung unterworfen, ist es dies doch seit Jahrhunderten, ja eigentlich seit Jahrtausenden, seit dem Bestehen einer qualitativ verschiedenen gemeindlichen kulturellen Entwicklung.

Daher muß auch der Gesichtspunkt zur Geltung kommen, daß jedes

Eingreifen in **die kommunale Selbstverwaltung**, sei es der Land-, sei es der Ortsarmenverbände von diesen als eine Entziehung bisher vorhandener Rechte und Freiheiten betrachtet werden würde, da sich ja seit Bestehen des Reichs auch die Aufsicht über die öffentliche Armenpflege nur im Rahmen der allgemeinen Kommunalaufsicht bewegt hat und somit niemals zu einer eingreifenderen Betätigung der staatlichen Aufsichtsbehörden führte. Nicht eine Beschränkung der Selbstverwaltungsrechte darf durch die Aufsicht über die öffentliche Armenpflege herbeigeführt werden. Es muß vielmehr der historischen Entwicklung in der Verteilung der Machtbefugnisse im Staatsorganismus Rechnung getragen werden.

Es gilt daher bei der Frage der Aufsicht über die öffentliche Armenpflege nicht nur den bundesstaatlichen Charakter des Reichs zu berücksichtigen, es gilt vor allem daran zu denken, daß die öffentliche Armenpflege fast gänzlich eine Angelegenheit der Selbstverwaltungskörperschaften ist:

Die Aufsicht über die öffentliche Armenpflege kann nur dann unseren deutschen Verhältnissen entsprechend geregelt werden, wenn sie auf der glänzend bewährten Selbstverwaltung aufgebaut wird und bei einheitlichen allgemeinen Grundsätzen für die Ausübung im einzelnen auf die örtlichen Verschiedenheiten im Reiche die weitestgehende Rücksicht nimmt.

Aus eben diesen Gründen müssen die Leitsätze für die Frage der Regelung der Aufsicht über die öffentliche Armenpflege Rücksicht nehmen auf den Charakter des Reichs als Bundesstaat und vor allem auf die bisher ausschließlich der Selbstverwaltung übertragene Ausübung der öffentlichen Armenpflege. Sie müssen aber bei der Verschiedenheit der wirtschaftlichen und sozialen Verhältnisse im Deutschen Reiche auch vermeiden, in Einzelheiten einzudringen, und sich darauf beschränken, die großen Grundzüge der Regelung einer Aufsicht festzulegen. Es wird ihre Aufgabe sein, diese Aufsicht so zu entwerfen, daß die zu schaffenden Instanzen und Organe in sich selbst den Kern tragen zu einer möglichen Weiterentwicklung, falls der Gang der Ereignisse eine solche Weiterentwicklung wünschenswert oder nötig erscheinen lassen sollte.

Teilung und Träger der Aufsicht.

Schon diese allgemeinen Erwägungen geben eine gewisse Richtlinie für die Frage: Wer soll die Aufsicht über die öffentliche Armenpflege ausüben? Sie kann nach dem Gesagten nur dahin beantwortet werden, daß eine ausschließliche Aufsicht durch das Reich oder ausschließlich durch die Bundesstaaten abgelehnt werden muß. Es ergibt sich vielmehr als logische Konsequenz der Ausführungen die Teilung der Aufsicht zwischen dem Reich und den einzelnen Staaten. Ob nicht eine weitere Teilung notwendig ist, sollen die folgenden Betrachtungen zeigen:

Im Rahmen der Frage eines Reichsarmenrechts ist es eine Forderung der Folgerichtigkeit, daß auch eine Aufsicht über das Armenwesen seitens des Reiches bestehen muß. Sämtliche im

Wege der Reichsgesetzgebung oder auf Grund von Reichsgesetzen ins Leben getretenen großen Einrichtungen des öffentlichen Rechts haben ihre Spitze und Krönung in der Einrichtung eines Reichsorgans gefunden. Vom Reichsgericht bis zu der Reichsversicherungsanstalt für Privatangestellte ist für alle eine oberste reichsrechtliche Instanz oder zum wenigsten eine reichsrechtliche Aufsicht geschaffen worden. Wenn auch hierbei dem zweitgrößten Bundesstaate gelegentlich Reservate eingeräumt worden sind, so haben diese sich doch immer beschränkt auf die Angelegenheiten, die nur innerhalb Bayerns sich abspielten und andere Bundesstaaten nicht berührten. Die Schaffung derartiger Reservate oder ihre Beibehaltung kommt aber bei der Frage der Aufsicht, wie sie in den Leitsätzen vorgeschlagen ist, nicht in Betracht, da es sich hinsichtlich der Reichsaufsicht nur um die Aufstellung der **allgemeinen** Grundsätze und Richtlinien für die Regelung der öffentlichen Armenpflege und ihre Befolgung handelt. Daher ist eine **allgemeine Aufsicht seitens des Reichs in gewissem Umfange** unvermeidbar.

Eine viel wichtigere Frage ist aber diejenige nach dem Umfang der Ausübung der Aufsicht. Gerade das einleitend über die Träger des öffentlichen Armenwesens, d. h. über die Selbstverwaltungskörper Gesagte, führte zu der Forderung, in der Einrichtung der Aufsicht die bisherigen Selbstverwaltungskörperschaften in ihren zum Teil seit mehreren Jahrhunderten vorhandenen Rechten nach Möglichkeit nicht einzuschränken. Es wird deshalb vorsichtig die Grenze gezogen werden müssen, bis zu der die Aufsicht gehen darf.

Die Beobachtung der **bisherigen Entwicklung** zeigt nun, daß eine gewisse Aufsicht im Armenwesen in verschiedenen deutschen Landesteilen und Städten bereits eingesetzt hat. Im allgemeinen ist die Organisation der offenen Armenpflege unter weitgehender Berücksichtigung der örtlichen Verschiedenheiten in den größeren Städten nach dem Elberfelder System oder seinen Spielarten (Straßburger System und ähnliche) eingerichtet. Gerade in den Städten aber hat sich in den letzten Jahrzehnten immer mehr das Bedürfnis geltend gemacht, neben die durch ehrenamtliche Mitarbeiter oder Mitarbeiterinnen regelmäßig ausgeübte offene Armenpflege **berufliche Organe** zu stellen, die die **Ausübung der Armenpflege im einzelnen Unterstützungsfalle** zu prüfen, zu überwachen oder bisweilen zu beaufsichtigen haben. Diese Organe sind in der Regel als Armenkontrolleure, Armeninspektoren, Erkundigungsbeamte, Berufsarmenpfleger u. ä. bezeichnet. Sie stehen in unmittelbarem Dienste der öffentlichen Armenverwaltungen der größeren Städte, dienen vielfach den Armenbezirkskommissionen als Hilfsorgane und sind dann diesen zugeteilt, oder sie sind ohne Rücksicht auf die Armenbezirke der Armendirektion, d. h. der Verwaltungsbehörde selbst angegliedert und haben an diese ihre Kontrollberichte abzuliefern. Bisweilen bestehen auch außer diesen Organen noch besondere berufliche Beamte, die im Sinne eines Armeninspektors die Armenpflege im einzelnen Falle, d. h. die Unterstützung an Ort und Stelle, in der Familie, im Hause des Armen nachzuprüfen haben und dem leitenden Kollegium des

Armenswesens (Armenrat, Armenpflegschaftsrat, Armenkommission, Armendeputation, Armenausschuß usw.) Bericht erstatten. In der Regel haben alle die genannten beamteten Organe nicht das Recht, selbst ändernd in die Ausübung der Armenpflege einzugreifen. Sie haben, von dringenden Fällen abgesehen, sich darauf zu beschränken, ihre Beobachtungen als Berichte an ihre Vorgesetzten oder an die Armenkommissionen zu geben und Vorschläge hinsichtlich der von ihnen für notwendig gehaltenen Änderungen zu erstatten. Bisweilen werden auch **nichtbeamtete, ehrenamtlich oder im Nebenamt tätige Personen** mit der Vornahme dieser Kontrollen und Beaufsichtigungen beauftragt.

Die Aufgabe dieser in einer ganzen Reihe größerer Städte mit erheblichem Erfolg durchgeführten Einrichtung besteht darin, daß durch den betreffenden Beamten im einzelnen Falle durch genaue Feststellungen an Ort und Stelle nachgeprüft werden soll, ob die beantragte oder gewährte Armenunterstützung nach Höhe und Art sowie nach ihrer Zeitdauer berechtigt ist. Es handelt sich also um eine der Ausübung der Armenpflege im Einzelfalle durch den ehrenamtlichen Armenpfleger oder die Armenpflegerin gegenüberstehende Prüfung der Berechtigung der Armenunterstützung durch unmittelbar der leitenden Armenverwaltung angehörende Beamte oder besonders beauftragte Personen. Es ist gewissermaßen zwischen die rein ehrenamtlich ausgeübte Armenpflege ein Netz von amtlichen Organen eingeschoben, das diese ehrenamtlich ausgeübte Armenpflege beaufsichtigen soll.

Für das vorliegende Thema ist es hierbei unerheblich, daß in einigen Städten auf Grund des in Straßburg i. E. gegebenen Vorbildes die erwähnten Beamten nicht etwa wesentlich die Rolle des beaufsichtigenden Kontrolleurs oder Inspektors auszuüben haben, sondern in weitem Umfange zur Ausübung der Armenpflege im Einzelfalle unmittelbar herangezogen werden. So hat zum Beispiel Straßburg i. E. seine Berufsarmenpfleger zu Armenpflegern für alle Fälle kürzerer oder vorübergehender Hilfsbedürftigkeit werden lassen, indem es nur in denjenigen Fällen einen ehrenamtlichen Armenpfleger oder eine Armenpflegerin bestellt, in denen eine erzieherische Einwirkung auf den Armen oder seine Familienangehörigen möglich und geboten erscheint. Es muß eben in großstädtischen Verhältnissen immer mehr der Berufsbeamte in weitem Umfange tatsächlich die pflegerische Tätigkeit selbst ausüben, und es ist für den Verfasser kein Zweifel, daß ohne derartige Berufsarmenpfleger in den Großstädten des Reichs ein großer Teil der Armenpflege überhaupt nicht ausgeübt werden kann.

Es ist nun sehr bezeichnend, daß man die Anordnung der durch die genannten Organe für notwendig befundenen Änderungen in der Ausübung der Armenpflege im Einzelfalle nicht etwa den Organen selbst überträgt — von dringenden Fällen natürlich abgesehen — sondern dem leitenden Kollegium des Armenwesens. Dieses, das in jeder Stadt die Grundsätze für die Ausübung der öffentlichen Armenpflege aufzustellen hat, wenn auch vielleicht ihre endgültige Festlegung der Vertretung der Einwohnerschaft überlassen ist (Stadtverordnetenkollegium, Bürgerschaft, Gemeinderat), dieses Kollegium übt also tatsächlich selbst mit Hilfe der ihm zur Verfügung stehenden beamteten Kontrollorgane die Aufsicht über die Armenpflege im Einzelfalle aus.

Diese Regelung, die sich in verschiedenen deutschen Großstädten im allgemeinen ohne Vorbild, sondern aus den Bedürfnissen der Praxis heraus entwickelt hat, stellt eine sehr glückliche Mischung amtlicher und ehrenamtlicher Arbeit dar.

Das **leitende Armenkollegium** kann ja in den Verhältnissen größerer Städte nicht mehr die Armenpflege im Einzelfalle ausüben. Es ist dies auch hinsichtlich der Beschlußfassung über die Gewährung und Versagung von Armenunterstützungen nicht mehr möglich: Die große Zahl der Unterstützungsfälle verbietet das von selbst. Das Kollegium steht daher an sich schon über den Bezirkskommissionen oder Bezirksausschüssen, die für ihren Stadtteil oder für ihr besonderes Gebiet der Armenpflege nach sachlicher Trennung über die Gewährung der Unterstützungen zu beschließen und zu entscheiden haben. Es bildet also das Armenkollegium in den größeren Städten an sich schon eine obere Instanz für die Armenpflege im Einzelfalle.

Dazu tritt ein Weiteres. In den letzten Jahrzehnten hat sich die **Tagespresse** aller politischen Parteien in weitgehender Weise der Fragen des gemeindlichen Lebens angenommen. Dieses Interesse der Presse geht so weit, daß sie nicht nur die Einrichtungen der Gemeinden im allgemeinen in den Rahmen ihrer Besprechungen zieht und ihre Kritik nur an den Grundsätzen der Gemeindeverwaltung, wie sie in ihren Statuten und Verordnungen niedergelegt sind, ansetzen läßt. Auch ein einzelner Vorgang wird sehr häufig zum Gegenstand offener Kritik gemacht, wenn die Art der Behandlung seitens der öffentlichen Behörde dazu herausfordert oder herausfordern zu müssen scheint. So tritt tatsächlich eine gewisse Überwachung jeglicher öffentlicher Tätigkeit der Gemeinden durch die Tagespresse ein. Diese Überwachung erstreckt sich auch im Armenwesen nicht nur auf die allgemeinen Grundsätze der gemeindlichen Armenpflege, sondern auch auf die Ausübung der Armenpflege im einzelnen Unterstützungsfalle.

Man darf diese Überwachung und Beaufsichtigung durch die Tagespresse nicht unterschätzen. Je mehr die Gemeindeparlamente in ihrer Zusammensetzung durch die politischen Parteien beeinflußt werden, je mehr links orientiert sind, desto leichter öffnet die Tagespresse ihre Spalten, und zwar nicht nur unter der Überschrift „Sprechsaal" den Beschwerden der Armenbevölkerung über Unterstützungsverweigerungen oder nicht hinreichende Unterstützungen. Wenn man auch das Gewicht derartiger öffentlicher Klagen nicht zu sehr bewerten soll und dabei immer berücksichtigen muß, daß die Tagespresse geneigt sein wird, solche Klagen aufzunehmen, ohne eine vorherige Prüfung der Verhältnisse anstellen zu können, so darf man sich doch der Erkenntnis nicht verschließen, daß in dem Vorhandensein der Presse mit ihrer Möglichkeit des öffentlichen Angriffs und der öffentlichen Kritik des Verhaltens der Armenpflege im einzelnen Falle eine sehr weitgehende Beaufsichtigung der öffentlichen Armenpflege tatsächlich liegt. Diese Beaufsichtigung ist naturgemäß nur eine mittelbare, aber sie hat notwendigerweise zur Folge, daß Mängel in der öffentlichen Armenpflege durch sie schonungslos an das Tageslicht gebracht werden können.

Und noch ein Drittes ist in den bestehenden Zuständen zu bedenken. Die Armengesetze der einzelnen Bundesstaaten (Ausführungsgesetze zum Unterstützungswohnsitzgesetz) sehen im allgemeinen die Möglichkeit einer **Beschwerde des Armen über versagte oder zu geringe Armenunterstützung** an ein öffentliches Organ vor. Seien dies nun die Kreisausschüsse wie in Preußen, die Armenschiedsämter wie in anderen Bundesstaaten, oder seien es die staatlichen Kommunalaufsichtsbehörden selbst, fast überall ist ein geregeltes, dem Unterstützungheischenden unentgeltlich zur Verfügung stehendes Verfahren vorhanden, durch das über die Höhe und Art der Armenunterstützung gegen den Willen des Armenverbandes entschieden werden kann.

Gerade diese Einrichtung des Beschwerdeweges bietet eine außerordentlich wichtige tatsächliche Beaufsichtigung des öffentlichen Armenwesens. Durch die Urteile der betreffenden Verwaltungsgerichte oder sonstigen Instanzen wird die öffentliche Armenpflege im einzelnen Falle einer ständigen Korrekturmöglichkeit unterworfen, und zwar einer Korrektur, auf die sie ohne Einfluß ist, und deren Entscheidung sie unbedingt zu folgen hat. Es ist keine Frage, daß die Praxis der betreffenden Entscheidungen allmählich dahin führen muß, daß sich eine gewisse ständige Auffassung bei den Beschwerdeinstanzen durchsetzt und damit für die öffentliche Armenpflege in grundsätzlicher Hinsicht für den Einzelfall richtunggebend wirkt.

Diese in verschiedenen Großstädten in den letzten beiden Jahrzehnten zur Durchführung gekommene **Beaufsichtigung des Einzelfalles** hat sich anscheinend als völlig genügend für die Aufsicht und Kontrolle der Armenunterstützungen im Einzelfalle herausgestellt.

Die bisherige Entwicklung außerhalb der größeren Städte, d. h. **in den Landgemeinden, kleinen Städten und Gutsbezirken**, hat nur hier und da ähnliche Einrichtungen geschaffen. In einigen Landarmenverbänden, so zum Beispiel im Landarmenverband Hannover, wird durch Beamte der Verwaltung des Landarmenverbandes in den Gemeinden, denen die Fürsorge für eine landarme Person obliegt, die Behandlung und Unterstützung dieser Person in größeren Zwischenräumen nachgeprüft und an Ort und Stelle mit dem Gemeindevorsteher besprochen. Diese Einrichtung hat sich nach dem darüber Bekanntgewordenen gut bewährt.

Ebenso kann das von den in Elsaß-Lothringen bestehenden Bezirks-Waiseninspektoren gesagt werden. Dort obliegt die Waisenfürsorge für die Findelkinder, verlassenen Kinder und armen Vollwaisen den Landarmenverbänden auf Grund früherer französischer Gesetze. Die Unterbringung dieser Kinder in Pflegestellen erfolgt durch die Landarmenverbände. Diese lassen die Pflegestellen — zumeist auf dem Lande — durch Waiseninspektoren, d. h. Bezirksbeamte ständig beaufsichtigen. Die schon über ein halbes Jahrhundert bestehende Einrichtung hat sich recht gut bewährt.

Naturgemäß tritt die obenerwähnte Beaufsichtigung des Gebahrens der öffentlichen Armenpflege durch die Kritik in der Tagespresse sehr zurück. Ebenso ist die Zahl der Beschwerden über verweigerte oder ungenügende Unterstützung in ländlichen Verhältnissen stets gering geblieben. Man kann daher diese beiden Faktoren für das Land ausschalten.

Nach dem Gesagten ist festzustellen, daß sich in den größeren Städten und zum Teil auf dem Lande eine Beaufsichtigung des einzelnen Unterstützungsfalles bereits hier und da entwickelt und sich gut bewährt hat. Es liegt daher nahe, diese Entwicklung weiter zu fördern und nach ihr die Aufsicht über die Armenpflege im Einzelfalle auszugestalten. Es unterliegt keinem Zweifel, daß die Aufsicht über die Armenpflege im Einzelfalle nur an Ort und Stelle und nur durch besondere Beamte ausgeübt werden kann. Diese Aufsicht dem Bundesstaat oder gar dem Reich zu übertragen, hieße den Charakter der Verwaltung des öffentlichen Armenwesens völlig verkennen. Ganz abgesehen davon, daß sich die Notwendigkeit ergäbe, das ganze Reich mit einer Unzahl von Reichs- oder Staatsbeamten zu überspannen, eine Unzahl von staatlichen Armeninspektoren anzustellen, ganz abgesehen davon, verbietet es die im vorigen Abschnitt dargelegte, nicht genug zu betonende Rücksicht auf die vorhandene Selbstverwaltung des Armenwesens.

Andererseits ist es nun aber nicht möglich, die Aufsicht über die allgemeinen Grundsätze der Armenpflege den leitenden Armenkollegien der einzelnen größeren Städte und den entsprechenden Organen der Landarmenverbände und kleinen Gemeinden zu überlassen. Damit wäre der heutige Zustand sanktioniert, und eine Aufsicht käme überhaupt nicht zustande.

Es ergibt sich daher ganz natürlich aus sachlichen Gesichtspunkten eine **Teilung der Aufsicht nach der Beaufsichtigung der allgemeinen Grundsätze der öffentlichen Armenpflege und der Ausübung der öffentlichen Armenpflege im Einzelfall.**

Die Aufsicht und Aufstellung der allgemeinen Grundsätze der öffentlichen Armenpflege muß notwendigerweise den Orts- und Landarmenverbänden als den ausführenden Organen der Armenpflege entzogen werden. Die Aufsicht über die Ausübung der Armenpflege im Einzelfalle kann mit Rücksicht auf die Rechte der Selbstverwaltung und die praktische Durchführbarkeit nicht von den höheren Behörden des Staates oder gar des Reichs ausgeübt werden. Sie muß für die größeren Städte diesen selbst, für das Land, die kleinen Städte, die Landgemeinden und Gutsbezirke den staatlichen Aufsichts-, d. h. also den unteren Verwaltungsbehörden übertragen werden. Das knüpft an die historische Entwicklung und an die praktische Erfahrung an. Hier liegt die Grenze zwischen der allgemeinen Aufsicht und der Aufsicht im einzelnen Unterstützungsfalle.

Die Aufsicht über die allgemeinen Grundsätze der öffentlichen Armenpflege muß danach höheren Instanzen als Trägern zugewiesen werden. Alle diese Träger der Aufsicht müssen aber, mit Rücksicht darauf, daß es sich um eine neu einzuführende Beaufsichtigung der Selbstverwaltungskörperschaften handelt, nach Möglichkeit so geschaffen werden, daß die Selbstverwaltung nicht einer unnötig schärferen staatlichen Aufsicht unterstellt wird, wie bisher. Es wird daher in den Leitsätzen vorgeschlagen, zu Trägern der Aufsicht über die allgemeinen Grundsätze des Armenwesens nicht staatliche, bureaukratisch organisierte Behörden einzusetzen, sondern vom Staat und den besonders hierzu berufenen öffentlichen und privaten Organisationen gemeinsam geschaffene Kollegien. So soll die Aufstellung dieser allgemeinen Grundsätze und die Aufsicht über sie für das Reich einem Reichs-Armenrat übertragen werden. In ähnlicher Weise sollen für die einzelnen Bundesstaaten (in Preußen für die einzelnen Provinzen) Landesarmenräte gewählt werden.

Es liegt sehr nahe, die Aufsicht den Kommunal-Aufsichtsinstanzen, die sie ja bereits innehaben, d. h. also die allgemeine Aufsicht dem Oberpräsidenten und Regierungspräsidenten in Preußen, dem Ministerium und den Bezirksregierungen in anderen Bundesstaaten zu übertragen. Damit würde eine Verschärfung der staatlichen Aufsicht gefordert werden, ohne daß die Gewähr dafür geschaffen würde, daß diese staatliche Aufsicht auch in einer den besonderen Bedürfnissen des Armenwesens angepaßten Art ausgeübt wird, ja, daß sie überhaupt in diesem Sinne ausgeübt werden kann. Die Übertragung einer besonderen Aufsicht über das Armenwesen in seinen allgemeinen Grundsätzen an die staatlichen Organe der Kommunalaufsicht und an das Reich (Reichsamt des Innern) wäre gegenüber den jetzigen Zuständen keine Besserung, denn es wäre nur seine besondere Betonung in den Bundesstaaten und die Hinzufügung einer Reichsaufsicht bureaukratischer Natur. Damit ist dem materiellen Armenrecht nicht geholfen.

Das Armenwesen braucht eine Aufsicht durch sachlich erfahrene, durch ihre berufliche oder ehrenamtliche Tätigkeit mit dem Armenwesen und seinen Bedürfnissen vertraute Persönlichkeiten. Das Armenwesen kann eine bureaukratische Aufsicht über seine Grundsätze unmöglich vertragen, denn es widerspräche dies seinem eigentlichen Gesichtspunkte, dem Individualisieren bis ins einzelne. Das Armenwesen kann wirksam nur beaufsichtigt werden durch Selbstverwaltungsorgane oder durch kollegiale Körperschaften, in deren Zusammensetzung die Erfahrung im Armenwesen die maßgebende Rolle spielt.

Deshalb schlagen die Leitsätze die Schaffung besonderer, durch ihre Zusammensetzung gerade für die Aufsicht über das Armenwesen besonders geeigneter Körperschaften vor, des Reichsarmenrats und der Landesarmenräte, die die Grundsätze für die öffentliche Armenpflege im Rahmen ihrer Zuständigkeit aufzustellen und sich von ihrer Durchführung in geeigneter Weise durch Beauftragte zu überzeugen haben. Eine unmittelbare Überwachung durch diese Kollegien oder von diesen etwa einzusetzenden Reichs- oder Landarmeninspektoren ist abzulehnen. Reichs- und Landarmenrat haben ja nur die allgemeinen Grundsätze für die öffentliche Armenpflege aufzustellen. Die Durchführung solcher Grundsätze braucht nicht an Ort und Stelle im Einzelfalle überwacht zu werden, und sie kann es nicht. Ihre Anwendung muß sich ergeben aus den Satzungen und Verordnungen der **öffentlichen örtlichen Armenpflege, aus ihren Jahresberichten, ihren Jahresvoranschlägen und -rechnungen**, kurz aus all den Aufstellungen, die für den inneren Dienst des die Armenpflege unmittelbar ausübenden Orts- oder Landarmenverbandes maßgebend sind.

Im übrigen muß, was die **allgemeinen Verwaltungsanordnungen** anbetrifft, die **Kommunal-Aufsichtsbehörde** nach wie vor die Aufsichtsinstanz auch für die Armenverwaltungen bleiben. Der Reichsarmenrat und die Landesarmenräte haben die Berichte der staatlichen Aufsichtsbehörden oder der Armenverbände selbst sowie ihre Satzungen usw. zu prüfen und durchzusehen und da, wo ein Mangel gegeben erscheint, die staatliche Aufsichtsbehörde darauf hinzuweisen und entsprechende Abänderung anzuregen. Sie sind also im wesentlichen neben den staatlichen Aufsichtsbehörden als besondere Beratungs- und sachverständige Organe einzusetzen.

Die Aufsicht über die öffentliche Armenpflege im einzelnen Unterstützungsfalle.

Die Leitsätze schlagen unter I die Regelung der Aufsicht über die öffentliche Armenpflege im einzelnen Unterstützungsfalle vor, getrennt nach offener und geschlossener Armenpflege. Für die **offene Armenpflege in den größeren Städten** wird die soeben geschilderte Einrichtung, wie dieselbe in verschiedenen größeren deutschen Städten mit Erfolg zur Anwendung gekommen ist, vorgeschlagen, d. h. die **Selbstbeaufsichtigung**. Die Aufsicht soll ausgeübt werden durch **berufliche Beamte (Armenkontrolleure, Berufsarmenpfleger, Armeninspektoren, Erkundigungsbeamte und ähnliche) in Verbindung mit dem das Armenwesen der betreffenden Stadt leitenden Kollegium (Armenrat, Armenkommission, Deputation für das Armenwesen, Armenpflegschaftsrat usw.).** Es bedarf hierzu nicht etwa besonderer, ausschließlich mit dieser Aufgabe der Nachprüfung der Armenunterstützung im Einzelfalle beauftragter Beamter. Diese Beamten können vielmehr — es wird sich mit Erfolg auch die Anwendung von Beamtinnen ergeben, z. B. bei alleinstehenden Frauen oder kinderreichen Witwen — auch andere Geschäfte der Armenpflege übernehmen. Vorbedingung für eine wirksame Kontrolle durch sie ist allerdings, daß sie ihrer Ausbildung nach für die praktische Armenpflege besonders geeignet sind. In der Regel wird sich daher der im gewöhnlichen Wege der Sekretärschulung ausgebildete Beamte für diesen Dienst nicht eignen. Es wird sich empfehlen, hierfür solche Personen anzustellen und durch die Normierung ihres Gehaltes in entsprechende soziale Stellung zu bringen, die Interesse an sozialer Betätigung haben und dem Milieu der Bevölkerungsschichten, die leicht der Armenpflege anheimfallen, also in größeren Städten wesentlich dem Arbeiterstande, nicht allzufern stehen. In der Armenverwaltung der Stadt Straßburg i. E. hat man mit großem Erfolg Arbeiter aus den besten, obersten Schichten der gelernten Arbeiterschaft in diesen Stellen verwandt. Das Wesentliche an diesen Beamten ist ja der Blick für die Erfordernisse des Einzelfalles, wirtschaftlicher Sinn, Kenntnis der sozialen Fürsorgeeinrichtungen, Gesetzgebung usw., Kenntnis der Arbeiterverhältnisse und Verständnis für die Aufgaben der öffentlichen Armenpflege. Es müssen vor allem praktisch veranlagte Personen sein, die aber auch durch ihre persönlichen Verhältnisse (höheres Lebensalter, verheiratet, eigene Kinder) die nötige wirtschaftliche Erfahrung für die Beurteilung der wirtschaftlichen Verhältnisse anderer mitbringen und zugleich eine Gewähr dafür bieten, daß sie auch die sittlichen Verhältnisse der ihrer Kontrolle zugeteilten Armenbevölkerung richtig zu würdigen und einzuschätzen wissen.

In manchen Fällen wird man auch statt Beamter **ehrenamtlich tätige Personen mit reicher armenpflegerischer Erfahrung** mit Erfolg einsetzen können. Im allgemeinen sind jedoch beamtete Personen vorzuziehen.

Diese Beamten oder Beauftragten sollen nicht das Recht haben, selbst Änderungen in einem Armenunterstützungsfalle vorzunehmen. Sie dürfen nicht den Armenbezirkskommissionen oder gar den ehrenamtlichen Armenpflegern und Armenpflegerinnen vorgesetzt sein, dürfen diesen keine Weisungen erteilen können, sondern haben sich ausschließlich auf die Nachprüfung der Verhältnisse des Einzelfalles hinsichtlich der Berechtigung, der Höhe und der Art der Armenunterstützung und der zweckmäßigen Verwendung derselben zu beschränken. Sie haben, wenn sie Mängel vorfinden, dem Armenkollegium Bericht zu erstatten und die erforderlichen begründeten Anträge zu stellen. Sie müssen hierzu, ohne schematisch zu werden, ihre Kontrollen regelmäßig und ziemlich häufig vornehmen. Für die Zeit und Art der Kontrollen sind natürlich die Bedürfnisse des Einzelfalles maßgebend, worüber zweckmäßig der Vorsitzende der zuständigen Armenkommission oder auch ein Beamter der Armenverwaltung zu entscheiden hat. Es ist ihnen immer freizustellen, häufigere Kontrollen vorzunehmen.

Die **offene Armenpflege in den kleineren Städten, den Landgemeinden und Gutsbezirken** kann natürlich nicht durch Beamte dieser kleineren Gemeinden selbst geprüft werden. Abgesehen davon, daß dies eine zu starke Belastung in finanzieller Hinsicht ergäbe, würde sich sehr bald herausstellen, daß die betreffenden Beamten nicht genügend beschäftigt seien. Auch verlangt es der Umstand, daß zur Nachprüfung im Einzelfalle nur armenpflegerisch erfahrene und geschulte Personen verwendet werden, daß für mehrere kleine Gemeinden und Gutsbezirke die betreffende Person ein und dieselbe ist. Es ergibt sich daher von selbst, daß man für die Verhältnisse des Landes (also von den größeren Städten abgesehen) besondere **Kreisarmeninspektoren** für die Prüfung der Armenpflege im Einzelfalle einsetzt. Diese Personen entsprechen den Armenkontrolleuren usw. in den größeren Städten. Vor allem haben sie auch hinsichtlich ihrer Vorbildung und persönlichen wirtschaftlichen Befähigung den gleichen Anforderungen zu genügen und dürfen auch ihrer amtlichen Stellung nach nicht selbst zu Aufsichtsinstanzen werden. Sie haben sich darauf zu beschränken, an Ort und Stelle die Armenpflege im Einzelfalle nachzuprüfen, in dringenden Fällen unmittelbar bei der Gemeinde oder dem Gutsbezirk auf Abstellung eines offenkundigen Mangels zu bestehen, sich im übrigen aber auf Berichte an die den Gemeinden und Gutsbezirken vorgesetzten Aufsichtsbehörden zu beschränken. Die letzteren, in der Regel die Kreisaufsichtsbehörde (Landrat, Kreisdirektor, Amtmann usw.) hat alsdann im Aufsichtswege das Erforderliche zu veranlassen. Eine besondere Aufgabe dieser Kreisarmenkontrolleure wäre natürlich, den Bürgermeistern und Gutsverwaltern auf dem Lande in den kleinen Verhältnissen bereitwillig mit Ratschlägen zur Regelung der Armenfürsorge an die Hand zu gehen.

Es wird sich in vielen Verhältnissen, vor allem bei größerer Ausdehnung der ländlichen Bezirke oder bei größeren Landgemeinden, die Anstellung eines Beamten erübrigen. Es wird genügen, wenn man besonders geeignete **private Personen** mit der Beaufsichtigung der Armenpflege im Einzelfalle beauftragt. Bei ländlichen Verhältnissen einer einzigen Konfession wird sich sehr leicht ein Mitglied einer größeren karitativen Organisation zu derartiger Beaufsichtigung finden lassen. Voraussetzung hierbei ist allerdings, daß die betreffende Person ihren wirtschaftlichen und persönlichen Verhältnissen nach die Gewähr strengster Unabhängigkeit bietet, damit die Aufsicht tatsächlich in neutraler Weise ausgeübt werde.

Die Aufsicht über die **geschlossene Armenpflege** im Einzelfalle, d. h. die Aufsicht über alle die Anstalten, die von der öffentlichen Armenpflege, sei es nun unmittelbar oder mittelbar, zur Ausübung der Armenpflege oder Unterbringung von Personen beansprucht werden, sollen nach Richtlinie I 3 durch die **Amtsärzte** vorgenommen werden. Auch sie sollen, von dringenden Fällen abgesehen, nicht das Recht haben, selbst Änderungen anzuordnen. Sie haben vielmehr ebenfalls ihre Wahrnehmungen in regelmäßigen Berichten an die Aufsichtsbehörde der betreffenden Anstalten mitzuteilen und Änderungen zu beantragen. —

Ob die **Landarmenverbände**, wenn sie einem Ortsarmenverband die Ausübung der Armenpflege im Einzelfalle oder allgemein übertragen haben, die Armenpflege in diesen Fällen durch besondere Landarmeninspektoren nachprüfen sollen (Vorschlag Dr. Thode, 1913), ist nicht eine Frage der Aufsicht über die öffentliche Armenpflege, sondern eine innere Angelegenheit des Landarmenverbandes. Dort, wo die Landarmenverbände selbst Armenpflege ausüben, was nur in ganz wenigen Fällen vorkommen wird, wird es ihre Aufgabe sein, entsprechend den größeren Städten durch einen Armenkontrolleur als eigenen Beamten diese Armenpflege nachzuprüfen. Da es aber der Regelfall ist, daß die Armenpflege durch die Ortsarmenverbände ausgeübt wird und die Landarmenverbände nur die finanzielle Seite für die Landarmenpflege hinsichtlich des Erstattungsanspruches berührt, ist eine Kontrolle im Einzelfalle in den größeren Gemeinden durch deren Armenkontrolleure, in den kleineren Gemeinden und Gutsbezirken durch die Kreis-Armenkontrolleure bereits vorhanden. Es erübrigt sich eine besondere nochmalige Kontrolle durch den Landarmenverband. Die Landarmenverbände werden niemals in der Lage sein, sämtliche von ihnen laufend in offener Armenpflege unterstützte Arme im Einzelfalle zu überwachen. Die in geschlossener Armenpflege von ihnen unterstützten Armen werden durch die Amtsärzte beaufsichtigt.

Die allgemeine Aufsicht über die Grundsätze der öffentlichen Armenpflege.

Die unter II vorgeschlagenen Leitsätze geben den Entwurf von Grundzügen einer Regelung der allgemeinen Aufsicht über die öffentliche Armenpflege. Diese Aufsicht kann sich nach dem oben unter „Teilung und Träger der Aufsicht" Ausgeführten nur erstrecken auf die Aufsicht über die allgemeinen Grundsätze des öffentlichen Armenwesens und deren Annahme und allgemeine Befolgung in den Orts- und Landarmenverbänden. Eine derartige Aufsicht besteht ja in gewissem Grunde schon jetzt, wie erwähnt, die Aufsicht, die seitens der kommunalen Aufsichtsbehörden ausgeübt wird. Allein diese ist eine allgemeine Kommunalaufsicht, ohne daß ihr für die Armenpflege irgendwelche besonderen Organe zur Seite ständen, die sie für die Fragen des Armenwesens in Anspruch nehmen könnte.

Gleichwohl ergibt sich aus der Tatsache, daß die öffentliche Armenpflege in Deutschland durch die Gemeinden und größeren Kommunalverbände, d. h. also durch Selbstverwaltungskörperschaften, ausgeübt wird und daß diese Tätigkeit der Selbstverwaltungskörperschaften nur einen Teil, einen kleinen, wenn auch sehr wichtigen Teil ihrer Tätigkeit bilden, daß die unmittelbare allgemeine Aufsicht nicht von der Kommunalaufsichtsbehörde getrennt werden kann. Darunter ist die unmittelbare Erteilung von Anordnungen und ihre zwangsweise Durchführung im Falle der Verweigerung ihrer Befolgung zu verstehen Diese wird man niemals den staatlichen Aufsichtsbehörden nehmen können, und es wird sich auch gar keine andere Möglichkeit in unserm Rechtsstaate bieten, als sie den staatlichen Aufsichtsbehörden übertragen sein zu lassen; denn nur die staatlichen Aufsichtsbehörden sind in der Lage, mit dem nötigen Zwang ihren Anordnungen den erforderlichen Nachdruck zu verleihen.

Daher gibt Leitsatz II 1) ausdrücklich die vorhandene Kommunalaufsicht als die allem vorhergehende an.

Neben diesen Kommunalaufsichtsbehörden werden nun aber die schon erwähnten Kollegien vorgeschlagen, die einmal die Aufgabe haben sollen, im Rahmen des geltenden Rechts die Grundsätze für die öffentliche Armenpflege aufzustellen und weiter dann ihre Befolgung durch entsprechende Ausgestaltung der Satzungen, Verordnungen usw. der öffentlichen Armenverwaltungen, der Land- wie der Ortsarmenverbände, nachzuprüfen und zu überwachen. Diese beiden Kollegien sind der Reichsarmenrat und für die einzelnen deutschen Landesteile die Landesarmenräte.

Beide Kollegien sollen nach den gleichen Gesichtspunkten zusammengesetzt werden. Sie haben beide die Aufgabe, durch kollegiale Beratung sachverständiger, durch berufliche oder ehrenamtliche Arbeit in der Armenpflege und Wohltätigkeit erfahrener Personen, Männer und Frauen, die wichtigeren Grundsätze für die öffentliche Armenpflege herauszuarbeiten und durch entsprechende Beschlüsse festzulegen. In erster Linie trifft diese Arbeit natürlich den Reichsarmenrat. Auf ihn wird im folgenden noch näher einzugehen sein.

Die Landesarmenräte sollen für die einzelnen Landesteile die Arbeit und Aufsichtsführung des Reichsarmenrats ergänzen. Besonders haben die Landesarmenräte diejenigen Grundsätze, die vom Reichsarmenrat aufgestellt sind und für ihre Landesteile einer besonderen Weiterausgestaltung bedürfen, aufzustellen und, soweit der Reichsarmenrat seinerseits nicht eine Sache erschöpfend geregelt hat, für ihre besonderen Landesteile die maßgebenden Grundsätze zu schaffen.

Die kommunalen Aufsichtsbehörden haben alsdann bei ihren Aufsichtshandlungen über die öffentliche Armenpflege die von dem Reichs- und dem zuständigen Landesarmenrat aufgestellten Grundsätze zur Durchführung zu bringen und sich nach ihnen zu richten. Sie sind also hinsichtlich ihrer Aufsichtstätigkeit durch die Beschlüsse der genannten Armenräte gebunden. Andererseits haben sie auch wieder das Recht, von dem zuständigen Landesarmenrat über Fragen des öffentlichen Armenwesens eine gutachtliche Äußerung zu fordern.

Der Reichsarmenrat.

Die Leitsätze schlagen als wesentlichstes Organ der Aufsicht über die allgemeinen Grundsätze der öffentlichen Armenpflege einen Reichsarmenrat vor.

Zur Schaffung einer derartigen obersten kollegialen Reichsinstanz gibt nicht nur das Vorbild des Auslandes Anlaß, das in dem französischen „Conseil supérieur de l'assistance publique" eine in seiner nunmehr 26 jährigen Geschichte hervorragend bewährte Einrichtung geschaffen hat, sondern auch die Entwickelung anderer öffentlicher Einrichtungen im Deutschen Reich.

Es braucht in diesem Rahmen und für die Leser dieser Abhandlung keiner weiteren Erörterung, wenn aufgestellt wird, daß sich in allen öffentlichen Einrichtungen des Reichs und der Bundesstaaten, sowie der größeren Gemeinden und Kommunalverbände in den letzten Jahrzehnten überall das Streben geltend gemacht hat, eine Beratung und vielfach eine Leitung der Einrichtungen durch ein Organ herbeizuführen, das unter Berücksichtigung der historischen Entwicklung die Beteiligten selbst zur Beratung und Leitung heranzieht. Man braucht durchaus nicht das Schlagwort von der Demokratisierung unserer öffentlichen Einrichtungen anzuwenden, wenn man darauf hinweist, daß das Mitraten und Mitleiten durch kollegiale Organe in allen Fachgebieten des öffentlichen Lebens ein hervorstechender Zug unserer öffentlichen Einrichtungen geworden ist. Erinnert sei an die Ärztekammern, die Rechtsanwalts- und Notarskammern, die Landwirtschaftsräte, Eisenbahnräte, Reichs- und Kreisgesundheitsräte, an die Schulräte, an die Beiräte für die Arbeiterversicherung, an die Handwerkskammern usw. Das gesamte wirtschaftliche und soziale Leben trägt ganz deutlich den Zug an sich, von der staatlichen Bevormundung auch in den einzelnen Teilgebieten frei zu werden und durch ausgewählte, fachlich erfahrene und sachverständige Personen selbst die Leitung und Beaufsichtigung des öffentlichen Organismus zu übernehmen:

Die **Selbstverwaltung** hat sich in immer weiterem Umfange die früher alleiniger staatlicher Behandlung überlassenen Gebiete erobert.

Aus diesem Gesichtspunkte heraus und in der Beobachtung, daß in der Ausübung der Armenpflege im einzelnen, d. h. an Ort und Stelle, und auch schon in der Aufstellung der Grundsätze für die Armenpflege in größeren Verbänden, wie in großen Städten und Landarmenverbänden, sich diese Selbstverwaltung durch ein leitendes kollegiales Organ bewährt hat, ergibt sich ganz von selbst die Forderung, die Aufsicht über die allgemeinen Grundzüge des Armenwesens im Deutschen Reich und die Aufstellung der Grundsätze selbst einer kollegialen Behörde der Selbstverwaltung zu übertragen.

Eine solche Behörde besteht bisher noch nicht; vorhanden ist einzig und allein das Bundesamt für das Heimatwesen, das ausschließlich einen Verwaltungsgerichtshof als oberste Reichsinstanz darstellt. Das Bundesamt für das Heimatwesen hat daher auch auf die Ausübung der Aufsicht über die öffentliche Armenpflege unmittelbar keinerlei Anspruch, wenn auch nicht zu bestreiten ist, daß seine Rechtsprechung eine ganze Reihe von Grundsätzen der öffentlichen Armenpflege im Laufe der Zeit herausgearbeitet hat. Es gilt hierfür ähnliches wie das weiter oben unter der Überschrift „Teilung der Aufsicht" für die Kreisausschüsse und Armenschiedsämter Ausgeführte. Es sei nur an den Grundsatz der Familieneinheit erinnert, der nur durch die Rechtsprechung des Bundesamtes für das Heimatwesen zur Anerkennung gekommen ist.

Der Reichsarmenrat ist somit in ähnlicher Weise wie der Reichsgesundheitsrat als ein Kollegium gedacht, das dem Reichsamt des Innern beigegeben wird und neben dem diesem zu unterstellenden Reichsarmenamt die Aufgaben des Reichs auf dem Gebiete des Armenwesens zu lösen berufen ist.

Der Reichsarmenrat muß sich zusammensetzen aus **Mitgliedern verschiedener Art.** Voraussetzung für die Mitgliedschaft sind natürlich Erfahrung und eigene Tätigkeit auf dem Gebiete der Armenpflege oder sozialen Fürsorge, sei es auf dem der öffentlichen, sei es auf dem der privaten, der interkonfessionellen wie der konfessionellen, sei es auf dem der kirchlichen. Die Mitglieder müssen aus den verschiedenen Organen des öffentlichen wie privaten Lebens entnommen werden, die sich mit Armenpflege und sozialer Fürsorge befassen.

Eine Reihe von ihnen wird **kraft ihres Amtes** zweckmäßig als Mitglieder des Reichsarmenrats zu bestellen sein. Dieses können naturgemäß nur Mitglieder oberster Reichsbehörden sein, da es sich ja um eine Reichsinstanz handelt. Nach den bisher vorhandenen Reichsämtern und obersten Reichsverwaltungsbehörden ergäben sich etwa die Folgenden:

Der Staatssekretär des Reichsamts des Innern als Vorsitzender des Reichsarmenrats,

der Präsident des Reichsversicherungsamtes,

der Präsident des Reichsgesundheitsamtes,

der Präsident des Reichsarmenamtes (bisher Bundesamt für das Heimat= wesen),

der Direktor der Reichsversicherungsanstalt für Angestellte,

ein Vertreter des Reichsjustizamtes.

Entsprechend hätten weitere Vertreter oder Präsidenten solcher Reichs= ämter mit Sitz und Stimme kraft Amtes die Mitgliedschaft im Reichs= armenrat, deren Tätigkeit das sozialpolitische, hygienische oder armen= pflegerische Gebiet berührt. Sämtliche Mitglieder kraft Amtes müssen berechtigt sein, ein Mitglied ihrer Behörde als Stellvertreter in die Sitzungen des Reichsarmenrats zu entsenden.

Eine weitere Gruppe von Mitgliedern wären dann **vom Bundes= rat auf die Dauer von fünf Jahren ernannte Mitglieder**. Unter diesen ernannten Mitgliedern sollen sich in erster Linie solche Per= sonen befinden, die durch ihre Arbeit auf dem Gebiete des Armenwesens für die Beratungen des Reichsarmenrats von besonderem Vorteil sein, die aber nicht durch Wahl in der dritten Gruppe in den Reichsarmenrat entsandt werden können. Es wird sich hierbei z. B. darum handeln, daß durch wissenschaftliche Arbeiten oder durch frühere Tätigkeit auf dem Gebiete des Armenwesens hervorragende Persönlichkeiten ihre Erfahrung dem Reichsarmenrat zur Verfügung stellen können. Des weiteren werden sich zweckmäßig unter diesen Personen solche befinden müssen, die mit der Armenpflege in Mittel= und kleineren Städten, Landgemeinden und Guts= bezirken vertraut sind, da die dritte Gruppe von Mitgliedern im all= gemeinen weniger Personen aus der Armenpflege der kleineren Gemeinden und Gutsbezirke entnehmen wird.

Die dritte und Hauptgruppe soll aus solchen Mitgliedern bestehen, **die zu Mitgliedern des Reichsarmenrats gewählt** werden. Es wird sich hierbei vor allem darum handeln, vier verschiedene Unter= gruppen von für das Armenwesen wichtigen Personenkreisen im Reichs= armenrat zur Vertretung gelangen zu lassen:

Die Armenverwaltungen selbst,

die Landesarmenräte der einzelnen deutschen Landesteile,

die großen privaten Vereine der Wohlfahrtspflege,

die Berufsvereine derjenigen Berufsstände, aus denen sich erfahrungs= gemäß in erster Linie die Armenbevölkerung rekrutiert.

Danach hätten etwa je einen Vertreter sämtliche Landesarmen= räte des Deutschen Reiches zu entsenden, deren Zahl nicht der Zahl der Bundesstaaten entspräche, da ja für jede preußische Provinz ein Landesarmenrat gebildet werden müßte und andererseits für die kleineren Bundesstaaten, z. B. in Thüringen, nur ein gemeinsamer Landesarmenrat erforderlich wäre. Durch diese Vertretung wäre die Sicherheit geschaffen, daß bei den Beratungen des Reichsarmenrats sämtliche deutschen Landesteile im Osten und Westen, im Norden und Süden in ihren Interessen vertreten sind und zu Wort kommen können.

Die weitere Gruppe sind die Armenverbände selbst. Hier wird es sich vor allem darum handeln, die größeren Städte in geeigneter Weise in dem Reichsarmenrat zur Vertretung zu bringen. Soweit es die Städte von 25000 und mehr Einwohnern sind, sind diese im Deutschen Städtetag vereinigt, so daß man unbedenklich etwa dem deutschen Städtetag die Wahl von drei Vertretern für den Reichsarmenrat zubilligen könnte.

Die nächste Gruppe bilden die größeren Wohlfahrtsverbände, die sich mit sozialen, caritativen und besonders armenpflegerischen Fragen befassen. Sie hätten ihrer Bedeutung entsprechend eine gewisse Zahl von Vertretern in den Reichsarmenrat zu entsenden. So wäre etwa dem Zentralausschuß des deutschen Vereins für Armenpflege und Wohltätigkeit eine Zahl von drei Vertretern zuzubilligen. Je ein Vertreter wäre etwa zu entsenden von der Innern Mission für die protestantische organisierte Wohltätigkeit und dem Caritasverband für das katholische Deutschland für die organisierte katholische Wohltätigkeit. Ebenso wäre es zweckmäßig, je eine Vertreterin dem Vaterländischen Frauenverein, dem Allgemeinen Deutschen Frauenverein, dem Deutsch-Evangelischen Frauenbund und dem Katholischen Frauenbund zuzubilligen.

Die vierte Gruppe schließlich soll eine Vertretung derjenigen Berufsstände herbeiführen, die ihrer wirtschaftlichen Lage nach der Armenbevölkerung sozial am nächsten stehen, d. h. also im wesentlichen der Arbeiterschaft. Unbedenklich schlagen wir vor, in dem Reichsarmenrat die größeren Berufsvereinsgruppen der Arbeiterschaft in entsprechender Weise wie die Wohlfahrtsvereine zur Vertretung kommen zu lassen. Es würde sich also darum handeln, aus dem Verband der freien Gewerkschaften Deutschlands, der Hirsch-Dunckerschen Gewerkvereine sowie ferner der christlichen Gewerkschaften einige Vertreter in den Reichsarmenrat aufzunehmen. Von dieser Heranziehung der Berufsständevertreter dürfte sich keinerlei Gefährdung der Beratungen zu erwarten sein. Im Gegenteil dürfte sich aus ihr eine wesentliche Förderung gerade in Hinsicht auf die praktische Durchführung der Grundsätze der Armenpflege erwarten lassen. Politische Bedenken können bei der Zulassung dieser Vertreter gegenüber der Gesamtzahl keinerlei Beachtung beanspruchen. Es wäre vielmehr gerade aus politischen Gründen eine Heranziehung insbesondere der Vertreter der freien Gewerkschaften zur Mitarbeit, und damit zur Mitverantwortung, nur zu begrüßen.

Damit der Reichsarmenrat eine der Reichsregierung wie dem Reichstag gegenüber unabhängige Stellung einnehme, muß die Zahl seiner Mitglieder in den einzelnen Gruppen derart bestimmt werden, daß die Zahl der Mitglieder kraft Amtes und der seitens des Bundesrats ernannten nicht mehr als ein Drittel der Gesamtzahl der Mitglieder beträgt. Es soll damit den gewählten Mitgliedern die Mehrheit unter allen Umständen gesichert werden, da sie von denjenigen Organen gewählt sind, die unmittelbar mit der praktischen Armenpflege und ihren Interessen in Berührung stehen.

Die Aufgaben des Reichsarmenrats liegen in drei Richtungen: Zum einen hat er die Grundsätze über die Ausübung der öffentlichen Armenpflege aufzustellen, zum andern durch Entgegennahme von Berichten über einzelne Gebiete des Armenwesens die Aufsicht über die Durchführung der allgemeinen Grundsätze der Armenpflege auszuüben und drittens gutachtlich Stellung zu nehmen zu neuauftauchenden Fragen des Armenwesens oder der sozialen Gesetzgebung.

Seine wichtigste Aufgabe ist, die Grundsätze aufzustellen für die Ausübung der öffentlichen Armenpflege in allen Land- und Ortsarmenverbänden. Es kann sich hierbei natürlich nur um die Aufstellung allgemeiner Grundsätze handeln, und es muß dabei immer von dem durch die Gesetzgebung über das Armenwesen geschaffenen Rahmen ausgegangen werden. Die Hauptgrundsätze der öffentlichen Armenpflege, wie z. B. der der obligatorischen Unterstützung durch den Armenverband des Aufenthaltsortes, sind ja durch die Gesetzgebung des Unterstützungswohnsitzes gegeben. Aber diese allgemeinen Grundsätze sind außerordentlich klein an Zahl. Die gesamten, das Armenrecht alsdann regelnden weiteren Grundsätze finden sich meist in den Landesausführungsgesetzen; vielfach sind sie nur durch die Rechtsprechung des Bundesamtes für das Heimatwesen zur Entstehung und Anerkennung gelangt, und auf einer ganzen Reihe von wichtigen Gebieten haben sich überhaupt noch nicht allgemeine Grundsätze Geltung verschafft.

Schon auf dem deutschen Armenpflegekongreß in Stuttgart 1913 wurde eine ganze Reihe von Grundsätzen berührt, die in ein zu schaffendes Reichsarmenrecht aufgenommen werden sollten. Diese Grundsätze haben sich vielfach schon heute in Deutschland Bahn gebrochen und werden allgemein befolgt. Vielfach sind sie aber der Gegenstand von Streitverfahren und je nach Lage der bundesstaatlichen Gesetzgebung verneinend entschieden worden. Es sei nur die große Frage der Gewährung der erforderlichen Erziehung und Ausbildung zu einem Berufe im Rahmen des Armenrechts erwähnt, die sich sehr wohl unter den Begriff des Notbedarfs durch entsprechenden Beschluß eines Reichsarmenrats fassen ließe und damit der Einführung und Durchführung ohne gesetzliche Änderungen sicher wäre. Es seien weiter armenpflegerisch weittragende Fragen genannt, die bisher keine gesetzliche Regelung und klare Festlegung gefunden haben, wie unter anderem:

- die Frage der Versagung des Aufenthalts, insbesondere der Abweisung neu Zuziehender;
- die Berechnung des Einkommens mitverdienender Kinder und Verwandter;
- die Berechnung der aus der sozialen Versicherung, sowie der aus privaten und genossenschaftlichen Versicherungen entspringenden Renten bei der Berechnung des Einkommens;

die Anrechnung von Unterstützungen der privaten Armenpflege auf das Mindesteinkommen;
die Frage der Familieneinheit;
die Frage, wer als unterstützte Person anzusehen sei im Falle der Unterstützung nicht zu einer Familie gehöriger Personen (also bei Verwandschaft im zweiten und weiteren Grade und bei Schwägerschaft);
die Zulässigkeit der Unterstützung nur gegen Arbeitsleistung;
die Festlegung des Begriffs der nachgewiesenen Arbeitsscheu bei säumigen Nährpflichtigen;
der Umfang der einem Wanderarmen zu gewährenden Unterstützung und der zur Beseitigung seiner Notlage zu treffenden Einrichtungen;
die Behandlung obdachloser Jugendlicher;
die Sicherstellung rascher ärztlicher Behandlung im Wege der öffentlichen Armenpflege;
die Frage der Ausweisungen, insbesondere bei Kostkindern;
die Ersatztarife in offener Armenpflege;
die Erstattungshöhe bei Krankenhauskosten;
die Heranziehung Drittverpflichteter außerhalb des Armenrechts als Aufgabe des unterstützenden oder endgültig fürsorgepflichtigen Armenverbandes;
die Fürsorgepflicht der Armenverbände für gefährdete Kinder, für die eine Fürsorgeerziehung nicht in Betracht kommt;
das Verhalten der öffentlichen Armenpflege bei Streiks und Aussperrungen;
die Stellung der Armenpflege gegenüber Notstandsarbeiten und Arbeitslosenunterstützungen der Kommunen und Gewerkschaften,
und anderes mehr.

Es ist natürlich, daß sich bei der Aufstellung von Grundsätzen über diese Fragen, die durch Mehrheitsbeschluß des Reichsarmenrats festzulegen wären, diese sich nur auf die allgemeine Regelung der betreffenden Frage zu erstrecken haben. Der Reichsarmenrat muß es vermeiden, Einzelheiten einer genaueren Regelung zu unterwerfen, soweit nicht die Fürsorge eine derart interlokale ist, daß sie für das ganze Reich einheitlich und gleichmäßig ausgeübt werden muß, wie dies zum Beispiel bei der Wandererfürsorge zum Teil unbedingt erforderlich ist. Der Reichsarmenrat darf bei allen diesen grundsätzlichen Fragen niemals vergessen, daß die örtlichen Verschiedenheiten — sie sind einleitend des näheren dargelegt — im Deutschen Reiche es aufs strengste verbieten, in Einzelheiten ohne zwingenden Grund eine Regelung seitens des Reiches zu treffen; es ist vielmehr geboten, diese Regelung den einzelnen Landesarmenräten, oder, wenn angängig, den Orts- und Landarmenverbänden zu überlassen.

Die zweite Gruppe der Aufgaben des Reichsarmenrats schließt sich unmittelbar an diese geschilderte erste an und trifft ganz besonders das Thema dieser Abhandlung: **Die Aufsicht über die Durchführung der Grundsätze der öffentlichen Armenpflege.** Nach der oben bereits erwähnten Teilung der Aufsicht kommt für den Reichsarmenrat selbstverständlich nur die Aufsicht über die Aufnahme und Festsetzung der Grundsätze in den Verordnungen und Satzungen der Armenverbände in Betracht; ihre Anwendung im einzelnen Armenfalle ist ja nicht der Kontrolle des Reichsarmenrats und der ihm etwa zur Verfügung stehenden Organe des Reichsarmenamts unterworfen, sondern ausschließlich der Aufsicht über den einzelnen Unterstützungsfall, wie sie die Leitsätze unter I vorschlagen, überlassen.

Es ist nun natürlich auf verschiedenen Wegen möglich, diese Aufsicht seitens des Reichsarmenrats auszuüben. Dem französischen Vorbild folgend, kann man für einzelne deutsche Landesteile, zum Beispiel mehrere kleinere Bundesstaaten oder mehrere preußische Provinzen, gemeinsam einen Reichskommissar ernennen, dem es obliegt, an Ort und Stelle die Armenpflege hinsichtlich ihrer Grundsätze nachzuprüfen. Diese Kommissare hätten dann entsprechend den französischen inspecteurs généraux dem Reichsarmenamt Bericht zu erstatten, das seinerseits die Aufsichtsbehörde mit entsprechender Anordnung gegebenenfalls zu versehen hätte.

Die Schaffung derartiger Reichskommissare ist abzulehnen, weil sie einen Eingriff in den bundesstaatlichen Charakter des Reichs und in die Selbstverwaltung der Armenpflege darstellt.

Ein weiteres System der Beaufsichtigung wäre dadurch möglich, daß man den zu Mitgliedern des Reichsarmenrats ernannten Personen einzelne kleinere Landesteile zur Beaufsichtigung überweist. Auch dies ergäbe jedoch, wie bei anderen ähnlichen Systemen, immer die Ausübung einer tatsächlich an Ort und Stelle durchgeführten Reichsaufsicht, was ebenfalls aus historischen Gründen vermieden werden muß.

Eine genügende Aufsicht durch den Reichsarmenrat läßt sich aber auf anderem Wege ermöglichen:

Neben ihn tritt das zum Reichsarmenamt umgewandelte Bundesamt für das Heimatwesen, dem das Recht erteilt werden muß, über alle allgemeinen Angelegenheiten des Armenwesens von allen staatlichen und kommunalen Behörden Berichte einzuziehen und an Ort und Stelle die Einrichtungen der öffentlichen Armenpflege zu besichtigen oder durch Beauftragte besichtigen zu lassen. Wohl bemerkt: keine Beaufsichtigung durch Räte des Reichsarmenamts oder Beauftragte des Reichsarmenamts, sondern nur eine Einsichtnahme und Besichtigung an Ort und Stelle zum Studium der vorhandenen Einrichtungen und angeordneten Grundsätze. Eine derartige Rechterteilung an ein Reichsamt dürfte in keiner Weise die Hoheitsrechte der einzelnen Bundesstaaten beeinträchtigen. Die betreffenden Beauftragten des Reichsarmenamts hätten ja stets nur zu besichtigen als Sendboten des Reichsarmenrats, dem sie ihre Berichte vorzulegen haben. Sie hätten niemals das Recht, Änderungen etwa anzuordnen oder auch nur nahezulegen oder auch nur festzustellen, daß Änderungen notwendig seien, sie hätten sich ausschließlich auf die Kenntnisnahme von den betreffenden Einrichtungen zu beschränken.

Der Reichsarmenrat wäre durch die Beschaffung solcher Berichte in der Lage, sich über die Aufnahme der von ihm aufgestellten Grundsätze in die Verordnungen und Satzungen der öffentlichen Armenpflege und damit über ihre allgemeine Durchführung Kenntnis zu verschaffen. Wo eine solche Durchführung auf Grund der Berichte als nicht vorhanden zu bezeichnen ist, hätte der Reichsarmenrat das betreffende Material der zuständigen Landesregierung unter dem Hinweis darauf zu überweisen, daß die Grundsätze in dem betreffenden Orts= oder Landarmenverband nicht befolgt würden. Die Berichte und die Beschlußfassung des Reichs= armenrats müßten veröffentlicht werden.

Gerade diese Art der Beaufsichtigung, die wesentlich darin liegt, daß ein Armenverband bei Nichtanwendung und Nichtaufnahme der Grundsätze Gefahr läuft, **öffentlich als ein solcher gebrand= markt zu werden**, gerade diese Art der Beaufsichtigung durch „Oeffent= lichkeit" erscheint außerordentlich wirksam und empfindlich und dürfte — dazu tritt ja immer der Druck der staatlichen Aufsichtsbehörde, die zur Durchführung der Grundsätze verpflichtet ist — eine völlig aus= reichende Aufsicht über die allgemeinen Grundsätze gewährleisten.

Der Reichsarmenrat hätte sonach etwa in der Weise vorzugehen, daß er beschließt, das Reichsarmenamt mit der Erstattung von eingehenden Berichten über einen bestimmten Gegenstand, über den allgemeine Grund= sätze aufgestellt sind, bis zu einer bestimmten Zeit zu beauftragen, die **Prüfung dieser Berichte alsdann in seiner Sitzung selbst vornimmt**, sie vielleicht einer Kommission überweist und deren Stellung= nahme alsdann in einer weiteren Sitzung berät und hierüber Beschluß faßt.

Auf diese Weise würde sich in den Berichten an den Reichsarmenrat, die sich gegebenenfalls durch Berichte von Mitgliedern des Reichsarmen= rats ergänzen müßten, die hierzu von dem Reichsarmenrat beauftragt werden, eine genaue Übersicht über die Ausübung und Annahme der Grundsätze über die öffentliche Armenpflege, die der Reichsarmenrat auf= gestellt hat, vorfinden. Man erhielte dadurch überhaupt erst einmal die vollständig fehlende Kenntnis von den Einrichtungen der Armenpflege im Deutschen Reich. Das Material, das in diesen Berichten angesammelt wäre, wofür die Schriften des deutschen Vereins für Armenpflege und Wohltätigkeit in einzelnen Heften ein Muster in kleinem Rahmen abgeben, wäre ein so außerordentlich umfangreiches und dankbares, daß sich auf ihm ein weiterer Ausbau des Armenwesens leicht durchführen ließe und die Aufstellung weiterer Grundsätze, als es zur Zeit überhaupt möglich ist.

Es darf hierbei darauf hingewiesen werden, daß die Berichte, die der Conseil supérieur de l'assistance publique in Frankreich alljährlich in größerer Zahl herausgibt, von hohem praktischem wie wissenschaftlichem Wert für die Erkenntnis, Durchdringung und weitere Ausgestaltung des öffentlichen Armenwesens in Frankreich und der mit ihm zusammen= hängenden Gebiete sind.

Es muß ausdrücklich aber hervorgehoben werden (gerade darin liegt die Grenze der Zuständigkeit des Reichsarmenrats), daß weder er, noch das Reichsarmenamt das Recht haben sollen, unmittelbar Anordnungen an die Landesbehörden oder Aufsichtsbehörden oder Armenverwaltungen selbst zu erlassen. **Die Berichte werden veröffentlicht**; in ihnen ist ungescheut auf die Mängel in der Ausführung eines Grundsatzes und etwaige Nachlässigkeiten von Armenverwaltungen hinzuweisen. Diese Berichte sind seitens des Reichskanzlers den Bundesregierungen zuzustellen. Die Aufsicht des Reichsarmenrats hätte also wesentlich zu arbeiten mit dem Mittel der Besprechung der Mängel in gemeinsamer Sitzung des Reichsarmenrats und mit dem der gedruckten Berichterstattung über die Ergebnisse der Untersuchungen, mit dem Mittel der „Öffentlichkeit". Es unterliegt keinem Zweifel, daß nach der heutigen Entwicklung des Interesses für die Verhandlungen der Kollegien des öffentlichen Rechts gerade in dieser Art eine außerordentlich wirksame Beaufsichtigung zu erblicken ist. Ganz besonders ist dabei daran zu erinnern, daß sich der Reichsarmenrat nach den Vorschlägen zusammensetzen soll, aus in der Armenpflege erfahrenen und sachverständigen Personen aller Richtungen. Wenn ein solches Kollegium öffentlich auf Mängel in der öffentlichen Armenpflege eines deutschen Landesteiles hinweist, ist das jedenfalls eine viel wirksamere Aufsicht als eine papierene Rüge (!) einer staatlichen Aufsichtsbehörde.

Die dritte Aufgabe des Reichsarmenrats ist schließlich, gutachtlich Stellung zu nehmen zu allen seitens der Reichsregierung, des Reichstages oder eines Landesarmenrats oder seitens eines seiner eigenen Mitglieder ihm vorgelegten Fragen, soweit sie das Armenwesen berühren. Damit der Reichsarmenrat hierbei nicht umgangen werden kann, muß festgestellt werden, daß alle seitens der Reichsregierung dem Reichstag vorzulegenden Gesetzentwürfe, die sozialpolitische oder armenpflegerische Verhältnisse regeln, zuvor dem Reichsarmenrat zur Begutachtung vorzulegen sind und daß das Gutachten des Reichsarmenrats dem Reichstag mit der Vorlage mitgeteilt werden muß. Naturgemäß muß der Reichsarmenrat auch das Recht haben, innerhalb seiner Zuständigkeit dem Reichskanzler Gesetzentwürfe und Verordnungen vorzuschlagen.

Solche Ersuchen um gutachtliche Äußerungen werden dem Reichsarmenrat — soweit es sich nicht um Reichsgesetzentwürfe handelt — sehr vielfach Anlaß geben zum allgemeinen Studium einer Frage des Armenwesens und werden daher oft auch der Ausgangspunkt zu der Aufstellung von Grundsätzen über die öffentliche Armenpflege sein.

Ganz besonderer Wert aber ist darauf zu legen, daß der Reichsarmenrat jeden armenpflegerische oder sozialpolitische Materien betreffenden Gesetzentwurf, der dem Reichstag vorgelegt wird, zuvor seitens der Reichsregierung zur Begutachtung erhalten muß. Auf diese Weise entstände vor der Beratung im Reichstag eine Beratung über die Vorlage durch sachverständige Personen der Sozialpolitik oder Armenpflege, und es wäre damit dem Reichstag bereits ein sachverständiges Gutachten vorgelegt. Der Reichstag ist infolge seiner politischen Zusammensetzung in vieler Hinsicht nicht mehr dasjenige Organ, das eine unabhängige und sachliche Handhabung gerade sozialpolitischer und armenpflegerischer Gesetzentwürfe gewährleistet, handelt es sich doch bei diesen Gesetzentwürfen um das Schicksal der wirtschaftlich Schwächeren und der unteren Massen der Bevölkerung, um deren Gunst heute alle Parteien werben, und liegt es daher doch nahe, daß bei den betreffenden Gesetzentwürfen sachliche Gesichtspunkte etwas in den Hintergrund treten oder nicht genügend beachtet werden. Daher wäre es eine dankenswerte Aufgabe, ein Forum zu schaffen aus sachverständigen und dabei doch durch Wahl berufenen Personen, die alle derartigen Gesetzentwürfe einer sachlichen Begutachtung zu unterziehen hätten, ohne daß rein politische Motive vor ihm den Ausschlag geben könnten.

Um diese Stellung des Reichsarmenrats als ein unabhängiges, oberstes, beratendes und allgemeine Aufsicht führendes Organ des öffentlichen Armenwesens zu sichern, um die Unabhängigkeit seiner Beratungen zu gewährleisten und dafür Sorge zu tragen, daß ständig seine Stimme gehört werden kann und gehört werden muß, ist es erforderlich, daß der Reichsarmenrat regelmäßig zusammentrete und daß seine Verhandlungen veröffentlicht werden. Zum äußeren Zeichen dessen empfiehlt es sich, den stellvertretenden Vorsitzenden durch den Reichsarmenrat selbst aus der Zahl seiner gewählten Mitglieder erwählen zu lassen und ihm das Recht zu geben, zur Vorbehandlung seiner Beratungen ständige Kommissionen einzusetzen. —

Eine Frage, die aufgeworfen werden kann, wäre die, ob nicht durch die Schaffung eines solchen Reichsarmenrats manche Einrichtungen der privaten Organe überflüssig würden. So erhebt sich das Bedenken, ob nicht eine ähnliche Einrichtung in dem **Zentralausschuß des deutschen Vereins für Armenpflege und Wohltätigkeit** bereits besteht. Die Frage ist nicht ohne weiteres zu verneinen. Ohne Zweifel würde das große Gewicht, das die Beratungen des deutschen Armenpflegekongresses und die Stellungnahme des Zentralausschusses heute haben, etwas vermindert werden durch die Beschlüsse des Reichsarmenrats und die von ihm aufgestellten Grundsätze. Allein es ist eine Erscheinung, die auch auf dem Gebiet des Armenwesens hervortritt und allgemein ist, daß Einrichtungen, die der privaten Organisation ihre Entstehung verdanken, später vom Staate oder den Kommunen übernommen werden. Wenn auf diese Weise ein Teil der Bedeutung und der Stellung des Zentralausschusses des deutschen Vereins für Armenpflege und Wohltätigkeit an den Reichsarmenrat überginge, so wäre darin kein Nachteil zu erblicken, denn es würde ohne Zweifel der Zentralausschuß seine so ungemein fruchtbringende Arbeit als Teil der Arbeit, die der neue Reichsarmenrat zu übernehmen hätte, diesem abtreten und damit für sich die Ehre in Anspruch nehmen können, vorkämpfend und vorbildlich auf diesem Gebiete gewirkt zu haben.

Es erhebt sich aber auch für die Arbeiten des deutschen Vereins für Armenpflege und Wohltätigkeit noch eine weitere Frage:

Wäre es nicht zweckmäßig, den Reichsarmenrat zu schaffen, bevor an die Ausarbeitung eines Gesetzentwurfes für ein Reichsarmenrecht herangetreten wird? Die Frage stellen, heißt unseres Erachtens, sie bejahen. Gerade der Reichsarmenrat hätte eine hervorragende Aufgabe und eine Gelegenheit, in glänzender Weise seine Notwendigkeit und seine Berechtigung nachzuweisen, wenn ihm die Beratung eines Reichsarmengesetzentwurfes eines Tages unterbreitet würde!

Leitsätze

von Direktor Dr. Blaum-Straßburg i. E.

I. Aufsicht über die öffentliche Armenpflege im einzelnen Unterstützungsfall.

1. Die offene Armenpflege der kleinen Städte, der Landgemeinden und Gutsbezirke im Einzelfall ist durch sachlich erfahrene staatliche Beamte oder besonders geeignete Privatpersonen regelmäßig an Ort und Stelle zu beaufsichtigen.
2. Die offene Armenpflege der größeren Städte im Einzelfall ist durch die leitenden Armenkommissionen [Armenräte usw.] der Städte selbst mittels beruflicher Beamter oder besonderer Privatpersonen ständig nachzuprüfen.
3. Die geschlossene Armenpflege, d. h. die Anstalten, die der öffentlichen Armenpflege dienen, sind ständig durch die Amtsärzte zu überwachen.
4. Die mit der Ausübung der Aufsicht betrauten Personen haben, von dringenden Fällen abgesehen, nicht das Recht, selbst Anordnungen zu treffen; sie haben nur an die Kommunal-Aufsichtsbehörde bei kleinen Städten usw. und Anstalten, an die Armenkommissionen bei größeren Städten Bericht zu erstatten und gegebenenfalls Änderungen vorzuschlagen.

II. Allgemeine Aufsicht über die Grundsätze der öffentlichen Armenpflege.

1. Die allgemeine Aufsicht über die Armenverbände steht den Kommunal-Aufsichtsbehörden zu. Diese Aufsicht ist nach Maßgabe der durch den Reichsarmenrat und den zuständigen Landesarmenrat aufgestellten Grundsätze auszuüben.
2. Die Aufsicht über die allgemeinen Grundsätze des Armenwesens im ganzen Reich übt der Reichsarmenrat aus. Er steht neben dem Reichsarmenamt, dessen Beamte ihm zu seinen Arbeiten zur Verfügung stehen.

    Der Reichsarmenrat setzt sich zusammen
    zu einem Drittel aus:
    Mitgliedern kraft Amtes und
    von seiten des Bundesrats auf die Dauer von fünf Jahren ernannten Mitgliedern;

zu zwei Dritteln aus:
seitens öffentlicher und privater Organe auf die Dauer von fünf Jahren gewählten Mitgliedern.

Den Vorsitz führt der Staatssekretär des Reichsamtes des Innern, in seiner Vertretung ein von der Versammlung aus den gewählten Mitgliedern erwählter Vorsitzender. Der Reichsarmenrat tritt zweimal im Jahre regelmäßig, sonst nach Bedarf zusammen. Er kann zur Vorbehandlung bestimmter Angelegenheiten Ausschüsse wählen, die ihren Vorsitzenden selbst zu wählen haben.

Die Verhandlungen des Reichsarmenrats sind zu veröffentlichen.

3. **Der Reichsarmenrat hat die Aufgabe:**
   a) **die Grundsätze aufzustellen für die öffentliche Armenpflege.** Diese Grundsätze haben sich auf die allgemeinen Verhältnisse des Armenwesens zu beschränken;
   b) **die Durchführung dieser Grundsätze zu beaufsichtigen.** Zu diesem Zweck hat er von dem Reichsarmenamte oder besonderen Beauftragten Berichte aufstellen zu lassen, über deren Ergebnisse Beschluß zu fassen und diesen dem Reichskanzler zu unterbreiten;
   c) **gutachtlich Stellung zu nehmen** zu sämtlichen von der Reichsregierung, dem Reichstag, einem Landesarmenrat oder seinen eigenen Mitgliedern ihm vorgelegten Fragen, soweit sie das Armenwesen in seinen Grundzügen betreffen. Er hat das Recht, innerhalb seiner Zuständigkeit Gesetze und Verordnungen vorzuschlagen. Die Reichsregierung ist verpflichtet, ihm jeden sozialpolitische oder armenpflegerische Verhältnisse regelnden Gesetzentwurf zur Begutachtung vorzulegen, bevor derselbe an den Reichstag gelangt. Dem Reichstage ist das Gutachten des Reichsarmenrats mit dem Gesetzentwurf vorzulegen.

4. In gleicher Weise ist für die Aufstellung und Aufsicht über die Grundsätze der öffentliche Armenpflege der einzelnen Bundesstaaten (in Preußen der Provinzen) ein **Landesarmenrat** einzurichten. Der Landesarmenrat ist an die Beschlüsse des Reichsarmenrats gebunden. Der Landesarmenrat stellt insbesondere die Grundsätze auf über die Ausübung der öffentlichen Armenpflege hinsichtlich der durch die Verschiedenheit der einzelnen Bundesstaaten oder Provinzen **notwendigen Ergänzungen der allgemeinen Grundsätze des Reichsarmenrats.**

5. Das Bundesamt für das Heimatwesen wird zu einem **Reichsarmenamt** ausgestaltet; dieses erhält das Recht, Berichte über alle allgemeinen Angelegenheiten des Armenwesens von allen staatlichen und kommunalen Behörden einzuziehen und an Ort und Stelle die Einrichtungen der öffentlichen Armenpflege zu besichtigen oder durch Beauftragte besichtigen zu lassen.

Printed by Libri Plureos GmbH
in Hamburg, Germany